ELÍSIO ESTANQUE
HERMES AUGUSTO COSTA (orgs.)

*O sindicalismo português
e a nova questão social
– crise ou renovação?*

O SINDICALISMO PORTUGUÊS E A NOVA QUESTÃO SOCIAL
– CRISE OU RENOVAÇÃO?

ORGANIZAÇÃO
ELÍSIO ESTANQUE
HERMES AUGUSTO COSTA (orgs.)

AUTORES
Elísio Estanque | Hermes Augusto Costa | Eduardo Chagas | Carlos Silva | João Proença | Manuel Carvalho da Silva | Olinda Lousã

EDITOR
EDIÇÕES ALMEDINA, SA
Rua Fernandes Tomás nºs 76, 78, 80
3000-167 Coimbra
Tel.: 239 851 904
Fax: 239 851 901
www.almedina.net
editora@almedina.net

DESIGN DE CAPA
FBA

PRÉ-IMPRESSÃO
G. C. – GRÁFICA DE COIMBRA, LDA.

IMPRESSÃO E ACABAMENTO
PAPELMUNDE, SMG, LDA.

Junho, 2011
DEPÓSITO LEGAL
330093/11

Os dados e as opiniões inseridos na presente publicação
são da exclusiva responsabilidade do(s) seu(s) autor(es).

Toda a reprodução desta obra, por fotocópia ou outro qualquer
processo, sem prévia autorização escrita do Editor, é ilícita
e passível de procedimento judicial contra o infractor.

Biblioteca Nacional de Portugal – Catalogação na Publicação
O SINDICALISMO PORTUGUÊS E A NOVA QUESTÃO SOCIAL

O sindicalismo português e a nova questão social : crise ou renovação?/ org. Elísio Estanque, Hermes Augusto Costa. – (Ces)
ISBN 978-972-40-4498-9

I – ESTANQUE, Elísio, 1952-
II – COSTA, Hermes Augusto. 1970-

CDU   331

ÍNDICE

Introdução
Elísio Estanque e Hermes Augusto Costa 5

PARTE I
Abordagens teóricas e transformações sociais do sindicalismo

CAPÍTULO 1: *Do enquadramento teórico do sindicalismo às respostas pragmáticas*
Hermes Augusto Costa 13

CAPÍTULO 2: *Trabalho, sindicalismo e acção colectiva: desafios no contexto de crise*
Elísio Estanque 49

PARTE II
O sindicalismo visto pelos sindicalistas

CAPÍTULO 3: *Problemas e desafios no sector dos transportes*
Eduardo Chagas 65

CAPÍTULO 4: *O sindicalismo de proposição no sector bancário*
Carlos Silva 73

CAPÍTULO 5: *A necessária humanização das relações de trabalho*
João Proença 83

CAPÍTULO 6: *Em reforço da centralidade do trabalho*
Manuel Carvalho da Silva 97

CAPÍTULO 7: *Debate com sindicalistas*
AAVV 107

PARTE III
Contributos para um sindicato ideal

CAPÍTULO 8: *Um sindicato ideal é possível! (?)*
Olinda Lousã 137

Conclusão: *Condições para um sindicalismo com futuro*
Hermes Augusto Costa e Elísio Estanque 171

Referências Bibliográficas 175

INTRODUÇÃO

Elísio Estanque (Centro de Estudos Sociais,
Faculdade de Economia da Universidade de Coimbra)

Hermes Augusto Costa (Centro de Estudos Sociais,
Faculdade de Economia da Universidade de Coimbra)

Este livro resulta de um seminário intitulado *O Sindicalismo Português e a Nova Questão Social – Crise, Consolidação ou Renovação?*, realizado na Faculdade de Economia da Universidade de Coimbra em 26 de Janeiro de 2008, no âmbito dos Programas de Mestrado e Doutoramento em "Relações de Trabalho, Desigualdades Sociais e Sindicalismo". Tratou-se de uma iniciativa igualmente inserida nos objectivos de investigação do Núcleo de Estudos do Trabalho e Sindicalismo do Centro de Estudos Sociais (NETSIND) de que os organizadores deste livro foram coordenadores entre 2002 e 2010 e que, desde 2011, passou a designar-se Núcleo de Estudos das Políticas Sociais, Trabalho e Desigualdades (POSTRADE).

O conteúdo do trabalho aqui apresentado evidencia uma vontade firme de promover a conjugação entre a intervenção de docentes/investigadores ligados ao meio académico e a participação de protagonistas/representantes do universo sindical. Em termos gerais, une estes vários interessados nas questões do trabalho e do sindicalismo a necessidade de questionar o próprio sindicalismo, os seus problemas e desafios, as suas fraquezas e as suas potencialidades, as suas respostas e as suas estratégias. Nesse sentido, enquanto organizadores do livro e como ponto de partida para essa articulação entre a universidade e o mundo sindical, sentimos a necessidade de formular um conjunto de interrogações. Em nosso entender, são questões simples, que legitimamente muitos cidadãos se colocam a si próprios (quer pertençam ou não ao meio sindical), mas que ao mesmo tempo nem sempre têm uma resposta fácil.

Quais são os principais problemas com que o mundo sindical hoje se defronta, tanto à escala nacional como transnacional?

Como responder às tendências que vêm sendo cada vez mais notórias no plano da economia e que têm como principal consequência, no campo das relações laborais e na vida social em geral, uma acentuada e crescente precariedade do trabalhador perante o emprego e as condições de trabalho?

Que acções e relações se podem esperar, na entrada na segunda década do século XXI, que os sindicatos, enquanto actores sociais, desenvolvam perante a sociedade para lá daquilo que é a sua função primordial que é a defesa dos trabalhadores e, portanto, a resolução dos problemas laborais que incidem sobre os assalariados, vítimas de múltiplas injustiças?

Qual a relevância e contributo do sindicalismo contemporâneo, nomeadamente do sindicalismo português, para o reforço da coesão social e o combate às desigualdades sociais, num país onde elas são das mais flagrantes da Europa?

Quais as possibilidades de renovar e consolidar o sindicalismo? Em que medida essa renovação passa pela possibilidade de garantir uma nova e melhor articulação entre tendências internas no seio das organizações sindicais? Ou, por outro lado, em que medida essa renovação exige uma maior proximidade e a promoção de alianças com outros actores e movimentos sociolaborais?

E como conceber o papel dos jovens e dos sectores mais precários da sociedade num quadro de renovação do sindicalismo? Sendo sabido que os sindicatos actualmente se debatem com problemas de mobilização, de desfiliação e sobretudo de dificuldade de aproximação aos sectores mais precarizados no emprego, como trazer os jovens para as causas sindicais sendo que eles, jovens, são também dos mais precarizados da sociedade? Que meios, que propostas e que linguagens poderão atraí-los à filiação e participação sindical? Qual o papel das redes sociais e dos meios informáticos (do chamado ciberespaço) nesse processo de dinamização e na mobilização dos segmentos da juventude escolarizada e precarizada?

Por fim, como sugerimos acima, se os problemas do mundo do trabalho são não apenas locais ou nacionais mas também transnacionais e globais (uma vez que é no quadro da globalização que muitas destas recomposições e mutações do trabalho têm vindo a ocorrer), como pôr em prática, em moldes coerentes, consistentes e sistemáticos, um programa de intervenção sindical transnacional? De que modo é que o sindicalismo português pode, de facto, responder a este desafio da internacionalização e da transnacionalização?

Na sua estrutura formal, este livro encontra-se dividido em três partes. A primeira parte, da responsabilidade dos organizadores do livro, dá essencialmente conta de *abordagens teóricas e das transformações sociais do sindicalismo*. No *capítulo 1*, Hermes Augusto Costa detém-se nas definições e papéis dos sindicatos, bem como nalgumas das suas teorias, conceitos e tipologias, tentando perceber a sua relevância no presente. Mas o capítulo está longe de ser exclusivamente teórico e por isso o autor considera que é urgente dar respostas pragmáticas para perguntas problemáticas (embora realistas) que afectam o movimento sindical e o pressionam a (re)agir. Por sua vez, no *capítulo 2*, Elísio Estanque aborda um conjunto de desafios que se colocam ao sindicalismo num contexto de crise internacional. Para além de uma reflexão sobre a questão laboral e social em geral – no contexto de crise em que nos encontramos –, o autor reflecte sobre a sociedade portuguesa, mostrando algumas das suas vulnerabilidades particulares, remetendo para a história recente do país e para as dificuldades que enfrenta na aproximação aos padrões europeus.

A segunda parte do livro fornece a *visão do sindicalismo pelos próprios sindicalistas*, nela se reunindo os contributos dos líderes sindicais, bem como as intervenções resultantes do debate por eles protagonizado. Vale a pena lembrar que os nomes convidados a participar neste debate são não só de actores com responsabilidades particulares no campo sindical (com destaque para os líderes das duas confederações sindicais portuguesas), mas de pessoas que assumem abertamente os problemas com que se debate hoje o sindicalismo e, consequentemente, a necessidade da sua renovação e revitalização, para a qual este livro pretende contribuir.

Pela razão apontada, todos os capítulos desta parte se apresentam sob a forma de oralidade. Os dois primeiros textos sistematizam a perspectiva sindical a partir de uma vertente sectorial. Por um lado, no *capítulo 3*, Eduardo Chagas (Federação Europeia dos Trabalhadores de Transportes/ETF) dá-nos testemunho de alguns dos principais problemas e desafios associados ao sector dos transportes. Valendo-se da sua experiência europeia, enquanto secretário-geral da ETF, cuja missão principal é representar e defender os interesses dos trabalhadores dos transportes em toda a Europa, Eduardo Chagas recupera vários exemplos de decisões políticas tomadas no quadro da União Europeia que dificultaram a acção dos trabalhadores do sector e a partir das quais estes se viram e vêem forçados a encontrar respostas e a tomar iniciativas.

Por outro lado, no *capítulo 4*, Carlos Silva, presidente do Sindicato dos Bancários do Centro, fornece um importante testemunho sobre o papel do sindicalismo de proposição no sector bancário, realçando não só a preponderância da actuação nacional do sindicato, como as suas redes internacionais. Trata-se de um sector (banca e seguros) com assinaláveis taxas de sindicalização, o que não significa que as relações laborais dinamizadas por via da contratação colectiva sejam fáceis, até porque o sector financeiro é porventura daqueles que em Portugal mais recorre ao *outsourcing*, não obstante os lucros fabulosos que aufere. Estes e outros factos têm, pois, levado à necessidade de o sindicalismo bancário se reorganizar (nomeadamente através da criação de uma federação do sector financeiro) para mostrar a sua capacidade de afirmação e de negociação.

Os capítulos 5 e 6 reúnem, respectivamente, os contributos dos secretários-gerais da União Geral de Trabalhadores (UGT) e da Confederação Geral dos Trabalhadores Portugueses (CGTP). No *capítulo 5*, João Proença manifesta evidentes preocupações com a necessidade (urgente) de humanização das relações laborais. Na sua reflexão reporta-se, entre outros pontos, às alterações nos processos de trabalho (as subcontratações, as formas de trabalho precário ou as falsas prestações de serviços são alguns dos exemplos referidos pelo líder da UGT), ao crescente peso económico e político das multinacionais, a um conjunto variado de problemas com implicações (muitas vezes fracturantes) no mercado de trabalho como o envelhecimento populacional, a imigração, a formação/qualificação profissional, ou o modelo social europeu que importa preservar.

No *capítulo 6*, por seu lado, Manuel Carvalho da Silva apresenta como argumento de fundo a necessidade de dar centralidade ao trabalho nas suas distintas dimensões – sociais, culturais, políticas e económicas –, ainda que o líder da CGTP refute o excesso de preponderância conferido às dimensões económicas, em resultado da pretensão de submeter as relações de trabalho apenas aos paradigmas da economia. Sem fugir à questão, sempre desafiante, da relação entre trabalho precário e posicionamento sindical e à consequente oportunidade da construção de alianças/acções transversais que abarquem todos os/as trabalhadores/as, Carvalho da Silva reforça a ideia de que o sindicalismo não pode responder sozinho aos problemas com que se depara o mundo do trabalho, ainda que frise também a necessidade de reafirmar o seu espaço de acção própria que não se dilui noutros movimentos sociais.

Por fim, o último capítulo desta parte do livro reúne os contributos de vários participantes, docentes, estudantes, sindicalistas, etc. Em geral, as questões colocadas no debate com os sindicalistas versam sobre aspectos relacionados com a missão passada, presente e futura do sindicalismo. São questões tanto teóricas como empíricas, que suscitam dúvidas e questionamentos vários e que, como tal, desafiam amplamente os sindicalistas e o sindicalismo. A oportunidade das perguntas colocadas bem como a qualidade das respostas dos oradores podem ser comprovadas no *capítulo 7*.

A terceira parte do livro toma a forma de um único capítulo. Trata-se, no entanto, de um valioso conjunto de *propostas para edificação de um "sindicato ideal"*. Na verdade, no *capítulo 8*, Olinda Lousã reconhece as dificuldades por que passa o sindicalismo mas não se resigna perante elas. Aliando a sua condição de sindicalista e ao mesmo tempo de estudiosa do tema, a autora procura desbravar o terreno da luta sindical numa diversidade de domínios: acção sindical no local de trabalho; articulação com temas "extra-sindicais"; efectividade das leis; transparência de procedimentos; independência partidária; inovação de conteúdos na negociação colectiva; assistência jurídica; quotas sindicais e de género; formas de voluntariado; serviços de lazer; formação sindical e educação para a cidadania. Trata-se, afinal, de indicar pistas e avançar propostas concretas para que o sindicalismo possa ser mais interventivo e bem sucedido na sociedade.

A fechar, enquanto organizadores, propomos ainda, de forma necessariamente breve, um conjunto de condições para um sindicalismo com futuro, pois estamos convictos que independentemente dos sinais de crise do movimento sindical, é possível e necessário inverter as actuais tendências dominantes que parecem aspirar ao total desmantelamento dos sindicatos. Enquanto a secundarização e o desprezo lançado pelos poderes (económico e político) sobre o campo sindical caminharem de par com a devastadora retirada dos direitos laborais será cada vez mais urgente travar esse processo e o seu carácter ostensivamente regressivo. A retórica anti-sindical carece de um persistente combate político (e teórico) porque ela é a outra face da ideologia liberal que confunde "rigidez" com a defesa de direitos essenciais do trabalho e "flexibilidade" com a pura lógica do mercantilismo mais selvagem.

Não se trata de regressar ao fordismo ou de proteger as conquistas irreversíveis (que, aliás, já deixaram de o ser), visto que as condições se alteraram profundamente. Trata-se simplesmente de reconhecer o papel do valor do trabalho na defesa da dignidade humana e da coesão social, na linha do que defende a Organização Internacional do Trabalho (OIT). Trata-se de preservar o Estado social, adaptando-o ao presente. Trata-se de denunciar e recusar o princípio "civilista" de direito laboral na medida em que isso obedece à mesma estratégia neoliberal de naturalização do velho princípio do capitalismo selvagem, segundo o qual "todos temos os mesmos direitos" e oportunidades perante o mercado, isto é, "todos têm o direito de dormir debaixo das pontes". Com a pequena diferença de que alguns não têm outro remédio...

PARTE I

Abordagens teóricas e transformações sociais do sindicalismo

CAPÍTULO 1
DO ENQUADRAMENTO TEÓRICO DO SINDICALISMO ÀS RESPOSTAS PRAGMÁTICAS

Hermes Augusto Costa (Centro de Estudos Sociais, Faculdade de Economia da Universidade de Coimbra)

Sem pretensões de exaustividade[1], este texto coloca a ênfase, em primeiro lugar, no papel e missão histórica do sindicalismo, alertando para o fenómeno sindical enquanto objecto de estudo. Em segundo lugar, passam-se em revista algumas teorias e conceitos que reforçam, sob diversos ângulos de análise, a percepção clássica e contemporânea do lugar do sindicalismo na sociedade, na economia, na política, etc. Num terceiro momento, explicam-se algumas tipologias da acção sindical, quer das que são porventura consagradas, quer de outras mais emergentes. Por fim, levantam-se algumas interrogações que marcam o dia-a-dia do sindicalismo e o colocam (no presente e futuro próximos) perante um conjunto de dilemas a que importa dar resposta.

1. Definições e papéis dos sindicatos

Enquanto elemento central, ainda que frequentemente subalternizado, das relações laborais, o sindicato admite distintas classificações ou significados. Tal sucede, segundo Jean Sagnes (1994a: 11), desde logo porque existem categorias diversificadas de sindicatos e, consequentemente, o sindicalismo é o produto de várias categorias profissionais e dimensões organizativas[2], como porque existem igualmente *nuances* consoante os contextos nacionais. Em Inglaterra, o *trade-union* adquiriu o significado de união de profissão; em França, o *syndicat* constitui o agrupamento ou associação cujo representante é

---

[1] Para uma análise mais demorada e detalhada dos papéis do sindicalismo no quadro das relações laborais e das várias abordagens teóricas do sindicalismo, cf. Costa (2005: 13-70).

[2] Como refere Freire (2001: 168-175), o princípio organizativo de base (onde encontramos sindicatos por ofício, indústria, categoria e empresa), a estrutura da organização (dimensão associativa formal, configuração no seio da empresa e vertente estatutária), os processos de decisão, os fluxos financeiros e a vertente (quantitativa e qualitativa) das populações sindicais são cinco registos pelos quais a dimensão estrutural e organizativa do sindicato se pode distribuir.

o *syndic* (a partir de 1839, a expressão *syndicat* passou a significar associação de operários); na Alemanha, o *gewerkschaft* é o membro representante de uma profissão e, a partir de 1868, de uma organização de operários industriais; em Portugal, destacou-se a expressão *associação de classe*[3] (Sagnes, 1994b: 22).

Não obstante esta diversidade de classificações[4], convirá ter presente a definição clássica proposta por Sidney Webb e Beatrice Webb (1987[1894]: 188), segundo a qual o sindicato é visto como "uma associação permanente de assalariados que procuram conservar e melhorar as condições das suas vidas de trabalho", sendo o sindicalismo a forma tradicional de representação dos interesses da classe trabalhadora. Daí os sindicatos serem associações de trabalhadores (Sanz, 1993: 372) que negoceiam condições salariais e de emprego dos seus membros (Visser, 1991: 99; BIT, 1997: 283). Esta premissa, se assim se pode designar, parece sugerir ainda que os sindicatos, enquanto organizações vocacionadas para intervirem no mercado de trabalho de modo a procurarem soluções para os problemas com ele relacionados, tendem a valorizar a acção colectiva dos trabalhadores em detrimento dos aspectos de ordem individual (Bean, 1994: 19). Além disso, estamos perante organizações de carácter voluntário (Visser, 1994) e durável (Ebbinghaus e Visser, 2000a: 11).

É claro que não pode esquecer-se que o trabalho não é só sinónimo de sindicalismo e que do conjunto de organizações que deram historicamente forma ao movimento operário se incluem, para além dos sindicatos, as cooperativas, as comissões de trabalhadores, as organizações mutualistas, os partidos polí-

---

[3] Nos termos do artigo 442º do Código do Trabalho português (cuja revisão foi aprovada pela Lei 7/2009, de 12 de Fevereiro), o sindicato é definido como "associação permanente de trabalhadores para a defesa e promoção dos seus interesses *sócio-profissionais*".

[4] Para Marino Regini (1993: 1150), o sindicalismo é um "fenómeno complexo e contraditório": se, por um lado, o sindicato nasce como reacção à situação dos trabalhadores na indústria capitalista, por outro lado, ele é uma força de transformação de toda a sociedade; se, por um lado, os sindicatos alimentam o conflito dentro e fora da empresa, por outro lado, são agentes canalizadores de participação política das massas, ajudando à integração destas na sociedade; etc. Por sua vez, na opinião de Edward Davis (1994: 116), a expressão "sindicato" pode ser frequentemente enganosa se servir para descrever diferentes instituições que operam em circunstâncias muito diferentes. Para este autor, existe um vasto leque de opiniões sobre o que os sindicatos fazem ou deviam fazer, situação que é potencialmente geradora de controvérsia. Baseando-se nalgumas classificações, Davis distingue cinco pontos de vista distintos: *pluralistas* (sindicatos como reguladores industriais), *sindicalistas* (sindicatos como emancipadores sociais), *marxistas-leninistas* (sindicatos enquanto instrumentos de partido), *organicistas* (sindicatos enquanto forças morais) e *autoritários* (sindicatos enquanto instrumentos do Estado).

ticos, etc. No entanto, no seio do movimento operário, os sindicatos foram porventura as organizações que melhor deram voz aos interesses da classe trabalhadora. E ainda que na actualidade possa ser cada vez menos frequente definir ou mesmo falar em "classe operária" (Rosa, 1998: 357; 13), não deverão olvidar-se as "bases operárias" em que se fundou o sindicalismo. Estas remontam em especial às duas últimas décadas do século XVIII, momento a partir do qual os sindicatos se foram impondo como organizações em luta por uma variedade de direitos: direito ao trabalho; direito ao emprego; direito ao salário; direito à reforma; direito à segurança social; direito à saúde, segurança e higiene no trabalho; direito à greve; etc. (Leite, 1995). E mesmo que o movimento sindical tenha provavelmente privilegiado mais vezes as reivindicações de ordem salarial, será acertado dizer-se que as reivindicações dos sindicatos são, no essencial, reivindicações por direitos humanos, independentemente das agendas de luta e dos tempos de afirmação do sindicalismo serem mundialmente diferenciados. Mas vejamos mais em pormenor a pertinência analítica do sindicalismo enquanto objecto de estudo.

Na linha dos trabalhos de Visser (1995: 37-38) e de Ebbinghaus e Visser (2000a: 4-6) sobre o trajecto sócio-histórico do sindicalismo no contexto europeu, podem ser atribuídas três classificações aos sindicatos enquanto objecto de estudo. Em primeiro lugar, são *parte de um movimento social* no qual as classes trabalhadoras se inserem no sentido de promoverem uma democracia de massa, com vista a criar uma emancipação generalizada dos trabalhadores e a valorizar o seu estatuto. Enquanto parte de um movimento social, ou melhor, enquanto principais organizações do movimento operário, os sindicatos foram historicamente os protagonistas de mobilizações rebeldes destinadas a fazer chegar as queixas dos mais desfavorecidos junto de quem se encontrava no poder (Ross e Martin, 1999a: 2). Na luta por alargarem a democracia política às classes mais desfavorecidas, os sindicatos desenvolveram alianças históricas com os partidos políticos numa altura em que o sufrágio universal ainda era pouco comum. A herança daqui resultante verter-se-ia em distintas orientações políticas, relações e divisões no sindicalismo até aos nossos dias. Mas, segundo Ebbinghaus e Visser, é precisamente no nosso tempo que parece estar a assistir-se a um certo desvanecimento dos traços originais e inovadores dos sindicatos enquanto movimento social[5], desde logo também porque a institucionalização dos conflitos de classe "libertou" os sindicatos

---
[5] Numa linha argumentativa próxima desta, em que se aponta para uma "desmobilização da mobilização" sindical, cf. ainda Visser (1992), Santos (1995: 139) ou Rosa (1998: 135).

de uma faceta porventura mais irreverente, passando estes a consolidarem-se enquanto organizações de negociação reconhecidas socialmente.

Ora, a vertente institucional anuncia precisamente uma segunda classificação que concebe os sindicatos como *instituições do mercado de trabalho* das economias capitalistas. Enquanto actores do mercado de trabalho, que se encontram em qualquer sociedade democrática e capitalista onde o trabalho é realizado a troco de um salário e onde os trabalhadores possuem liberdade de associação, os sindicatos são portadores de uma "voz" que articula interesses e congrega exigências (Teague, 1999: 15). Essa voz permite-lhes superar a simples condição de indivíduos no confronto desigual com os empregadores no mercado de trabalho (Offe e Wiesenthal, 1980). A liberdade de associação e organização sindical, ou de realização de manifestações colectivas ou acções grevistas, inscreve-se precisamente nesse registo colectivo, registo esse que sobressai mesmo nas situações em que os sindicatos podem não ser as organizações de trabalhadores mais representativas num determinado contexto (Rogers e Streeck, 1995). Em todo o caso, se a percepção do sindicalismo como *movimento* social ou parte de um movimento social colocava ênfase no conflito, a concepção do sindicalismo como *instituição*, se bem que não o elimine, não o concebe como foco de referência principal. Como defende Leôncio Martins Rodrigues (1999: 77), "o foco de análise desloca-se para as estruturas, para o aparelho sindical, para seu funcionamento dentro da sociedade e do sistema político, para a negociação mais do que para o conflito". Daí que para este autor pensar o sindicalismo como instituição signifique apreendê-lo também como "estrutura burocrática e como sistema de dominação".

Ebbinghauss e Visser (2000a: 6) consideram, em terceiro lugar, que os sindicatos se encontram entre os principais e mais influentes *grupos de interesses* nas democracias políticas. Na verdade, os sindicatos recorreram tradicionalmente a múltiplas formas de pressão sobre os governos, parlamentos e instâncias públicas e apoiaram candidatos parlamentares, bem como financiaram e influenciaram campanhas políticas e até mesmo referendos. Nesta condição, são comparáveis a outros grupos que defendem interesses específicos, tais como os *lobbies* de negócios, as campanhas ambientalistas ou os grupos de consumidores (Visser, 1995: 38). Ainda segundo aqueles dois autores, o ressurgimento, nos anos 90 do século XX, da concertação social no contexto da União Económica e Monetária fez ressurgir também o papel do sindicalismo e a sua participação nos sistemas inter-associativos e governativos.

Em reforço desta tripla classificação, Jelle Visser refere ainda que é com diferentes olhos e segundo diferentes perspectivas que se estudam os sindicatos, do mesmo modo que, como acima tive oportunidade de referir, existe uma propensão disciplinar diferenciada para estudar as relações laborais. Em seu entender, observa-se uma preponderância dos economistas para o estudo dos sindicatos enquanto instituições do mercado de trabalho, sobretudo pelo interesse demonstrado por estes no impacto da acção sindical na determinação salarial, na oferta e procura do mercado de trabalho, no desemprego ou na distribuição do rendimento. Por sua vez, historiadores e sociólogos tendem a interessar-se pelo sindicalismo enquanto movimento social, estudando para tal o contributo dos sindicatos para o processo de democratização das sociedades e das organizações, assim como o modo de funcionamento interno dos sindicatos e a participação dos seus membros no conflito industrial. Por fim, os cientistas políticos concentram-se mais na forma como os sindicatos actuam enquanto grupos de interesse e na relação que existe entre partidos e sindicatos (Visser, 1995: 38).

Esta classificação dos sindicatos enquanto objecto de estudo e o seu enquadramento disciplinar pode ser complementada com a visão proposta por Richard Hyman (1996b; 2001a; 2001b), designadamente quando este autor propõe o estudo das identidades, ideologias e estruturas sindicais enquanto resultado de uma tensão entre mercado, classe e sociedade. *Mercado*, porque os sindicatos são actores económicos que actuam no mercado de trabalho. *Classe*, na medida em que os sindicatos são veículos de mobilização anti-capitalista e de luta de classes. *Sociedade*, porque os sindicatos são agentes de integração social e responsáveis pelo diálogo social na sociedade civil (Hyman, 1996a: 64-65; 2001a: 1-5). Na opinião de Hyman, a identidade, ideologia e estratégia dos sindicatos europeus foram construídas, cada uma delas e todas no seu conjunto, em resultado daquele "eterno triângulo" (Hyman, 2001a: 1). Em minha opinião, a leitura de Hyman não difere muito da que é proposta por Ebbinghaus e Visser (2000a). Na verdade, parece existir uma certa correspondência entre a referência ao mercado e a concepção dos sindicatos enquanto instituições do mercado de trabalho, mesmo que a noção de "mercado" possa ser ambígua, ilusória ou difícil de captar (Hyman, 2001a: 11; 2002: 11). Por outro lado, uma vez que os sindicatos se organizam como grupos de interesses, eles defendem os interesses específicos de uma classe. Por outro lado ainda, o facto de se assumirem como parte de um movimento social que luta pela democracia de massas é revelador do seu papel em prol da democratização da sociedade.

É preciso dizer, no entanto, que estas várias componentes da intervenção sindical, embora potencialmente geradoras de focos de tensão na definição da orientação dos sindicatos (como sugere Hyman), não se encontram separadas de forma estanque. Se se recordar o entendimento que a Organização Internacional do Trabalho (OIT) tem das funções chave dos sindicatos, concluí-se isso mesmo. Para esta organização (BIT, 1997: 29), os sindicatos preenchem três funções principais. A primeira é uma função *democrática*, que passa por conceder a palavra na vida profissional a todos aqueles que trabalham ou pretendem trabalhar. No fundo, vemos aqui também espelhadas as referências a uma organização que defende os interesses específicos de uma classe. A segunda é uma função *económica*, nos termos da qual os sindicatos, fazendo jus ao seu estatuto de "associações profissionais de assalariados" (Andolfatto e Labbé, 2000: 3), lutam por uma melhoria dos salários dos trabalhadores, buscando, assim, um equilíbrio o mais harmonioso possível entre produção e distribuição dos frutos do crescimento. Neste caso, dir-se-ia que estamos perante a função "materialista" ou de mercado que está patente na actividade dos sindicatos. Por fim, a função *social* valoriza a integração na sociedade do conjunto de pessoas desejosas de trabalhar. Neste caso, a criação de compromissos sociais orientados para a integração social dos indivíduos é dominante. Para a OIT, é através da conjugação destas três funções que os sindicatos podem lutar contra a pobreza e exclusão social das camadas sociais mais vulneráveis, sustendo, assim, as desordens e tensões sociais, e confirmando-se como garante de coesão social.

2. Teorias e conceitos

Vejamos agora algumas teorias e conceitos sobre o sindicalismo. Na linha das propostas de Michael Poole (1981), recupero algumas abordagens teóricas clássicas[6] que forneceram contributos para uma percepção do sindicalismo contemporâneo. Descrevo sucintamente, em primeiro lugar, as *teorias morais e éticas* sobre o sindicalismo e, em segundo lugar, as *reacções "psicológicas" ou defensivas* face às primeiras condições de industrialização. Posteriormente, recupero o já citado triângulo "mercado-classe-sociedade" proposto por Hyman (2001a), procedendo não só ao seu enquadramento clássico como contemporâneo.

---

[6] Michael Poole (1981: 6-19) inspirou-se no trabalho de sistematização teórica realizado no contexto americano por Mark Perlman (1958), o qual, por sua vez, conjugou com a produção teórica europeia, sobretudo britânica. Para uma síntese analítica das vagas teóricas clássicas e contemporâneas, cf. também Paquet, Tremblay e Gosselin (2004).

Convirá ter em conta que a recolha de elementos de fundamentação teórica sobre o sindicalismo aqui empreendida (onde é incontornável a alusão à influência marcante da literatura britânica e americana) constitui um exercício teórico necessariamente breve, ainda que a teorização do sindicalismo, pelas transformações históricas estruturais operadas no próprio sindicalismo e pelas distintas formas de que se revestiu tanto entre países como dentro de cada país, se afigure uma tarefa complexa (Larson e Nissen, 1987: 1). Além disso, poderá ainda constatar-se que mesmo as teorias que se enquadraram em determinadas escolas de pensamento ou abordagens teóricas desenvolveram afinidades com outras escolas ou abordagens ou foram mesmo apropriadas por elas.

Teorias éticas e psicológicas

No quadro das *teorias e abordagens éticas e morais* sobre o sindicalismo, os sindicatos são considerados como um produto de valores éticos e morais que despontaram no século XIX e que, no caso do contexto britânico, foram produto das influências da doutrina religiosa metodista surgida no século XVIII. Este tipo de teorias reuniram, na opinião de Poole (1981: 8), os desenvolvimentos gerados por uma *cultura* ampla que funcionava como mecanismo de oposição ao padrão de injustiças e de pobreza da época. Trata-se, pois, de uma abordagem que coloca ênfase num sindicalismo guiado por factores éticos, idealistas e religiosos. Por sua vez, no século XX, uma preocupação com a ideia de justiça no movimento operário tornou-se uma realidade constante. Uma das referências neste domínio é o trabalho de John Rawls (1972), que advoga uma concepção geral de justiça: todos os bens sociais primários, como a liberdade e a oportunidade ou o rendimento e a riqueza, devem ser distribuídos de forma igual, a menos que uma desigual distribuição de algum ou de todos estes bens funcione em favor dos menos favorecidos. Estes valores haviam, na verdade, já sido também perfilhados por Émile Durkheim em *A divisão do trabalho social* (1989 [1893]). Nesta obra, este clássico da sociologia sustentou que a principal tarefa das sociedades industriais avançadas consistia num "trabalho de justiça", na medida em que seria fundamental conceber as relações sociais de acordo com critérios de uma crescente igualdade por forma a assegurar um livre desenvolvimento de todas as potencialidades socialmente úteis[7].

---

[7] Para além da importância atribuída à ética, aos valores e à justiça social, a influência de Durkheim sobre a(s) moderna(s) teoria(s) do sindicalismo residia também no significado estrutural atribuído à divisão do trabalho (sendo esta fundadora de uma ordem moral, visto

Em suma, o movimento operário e sindical é olhado, no quadro destas teorias, como uma instituição moral baseada tanto em movimentos cristãos socialistas protestantes, como na igreja católica romana. A supervisão da resolução das questões de impacto social e da aplicação de uma moralidade religiosa aos problemas sociais fica a cargo das instituições éticas e religiosas. Segundo Larson e Nissen (1987: 6; 252), ainda que os teóricos religiosos não tenham desenvolvido uma teoria completa do movimento operário, o que é certo é que muito deles produziram um grande impacto na história do sindicalismo contemporâneo. As encíclicas papais – *Rerum Novarum* (1891), do Papa Leão XIII; *Quadragesimo Anno* (1931), do Papa Pio XI; ou *Laborem Exercens* (1981), do Papa João Paulo II – foram alguns exemplos reveladores desse facto. Está-se, assim, perante um conjunto de movimentos orientados para a concepção do sindicalismo enquanto instrumento para a regeneração moral da sociedade.

Por outro lado, noutro *corpo clássico* de teoria identificado por Poole (1981: 14-15), faz-se corresponder o sindicalismo a uma *reacção "psicológica" ou defensiva face às primeiras condições de industrialização*. Ou seja, alguns autores procuraram concentrar-se no ambiente criado pela primeira fase da Revolução Industrial, o qual foi gerador de respostas dos trabalhadores face à perda de estatuto social e de identidade colectiva resultante da inovação tecnológica (Paquet, Tremblay e Gosselin, 2004: 301). Mas o que se contestava era também o efeito potencialmente perverso suscitado pelos intelectuais no movimento sindical, que fazia com que o trabalho tivesse de lutar não apenas contra o capital, mas também contra os membros da *intelligentsia* que procuravam desviar o sindicalismo dos seus objectivos básicos, ainda que fosse suposto o intelectual enquadrar os programas dos sindicatos e moldar as suas políticas (Perlman, 1987/1928: 162). Reportando-se ao trabalho de Selig Perlman, Michael Poole enfatiza precisamente a falácia dos intelectuais que tendem a ver o trabalho apenas como uma mera abstracção, distintamente da visão que dele têm os trabalhadores manuais. Embora esta abordagem possa não ter sido considerada como suficientemente "durável", o que é facto é que, segundo Poole, ela contribuiu para fornecer uma dimensão histórica útil aos debates sindicais e constituiu uma válida incursão pelos componentes da própria consciência sindical.

---

suscitar uma crescente preocupação com as formas de emprego que facilitassem a interacção das populações), às formas anómicas de divisão do trabalho e às relações entre indivíduos, corporações e Estado (Poole, 1981: 48-54).

Larson e Nissen (1987: 208-210) reportam-se ainda a outros teóricos psicológicos que consideram ter expressado melhor do que Perlman a ideia de que a ascensão do sindicalismo operário foi o resultado de reacções psicológicas dos trabalhadores a uma sociedade industrial individualista. Carleton Parker, Robert Hoxie, Frank Tannenbaum ou Thorstein Veblen são alguns dos autores inseridos neste leque de teorias. Se para o primeiro, a acção colectiva dos trabalhadores, porque sujeita a repressão física, se transformou numa patologia psicológica, para o segundo o sindicato está associado a um conjunto de funções de protecção psicológica dos operários que nele se filiam, como a insegurança ou desmotivação perante o trabalho. Por outro lado, se para Tannenbaum os sindicatos se constituem em reacção a um processo de alienação dos indivíduos resultante da industrialização, razão por que defende que os sindicatos sejam os recriadores de uma nova sociedade baseada no *status*, para Veblen, a mentalidade científica da moderna sociedade industrial minou a fé dos trabalhadores na propriedade privada e nos "direitos naturais" (Larson e Nissen, 1987: 4-5). Em suma, à psicologia social dos trabalhadores dentro de cada organização sindical ou operária cabe um papel decisivo para uma percepção dos objectivos gerais por que se movem essas organizações.

Teorias do mercado, da classe e da sociedade
i) Mercado. As abordagens sobre as *condições económicas do sindicalismo* viriam, segundo Poole (1981: 15-16), a constituir uma importante base de apoio para os sindicatos e um instrumento de avaliação e conhecimento a respeito das flutuações da sindicalização e das orientações das bases dos sindicatos. A criação de uma Escola de "implicações económicas" é atribuída a Sidney Webb e Beatrice Webb (co-responsáveis, com Durkheim, pelas bases teóricas da escola britânica, a "Escola de Oxford" de relações laborais). No início do século XX, os Webb argumentaram que os sindicatos dependiam, em primeira instância, de uma mudança nas formas de relacionamento económico, relacionamento este que revelava a incisiva clivagem de interesses e funções entre empregador e empregado. Atribuía-se, assim, mais importância à relação económica do que à tecnologia ou à dimensão da empresa enquanto factores caracterizadores dos sindicatos modernos.

Muito embora a análise dos Webb tenha sido objecto de críticas na época, Poole lembra que alguma literatura posterior (Commons, Davis, Dunlop, Bernstein ou Schister) viria precisamente retomar a valorização das condições económicas, nomeadamente através do estabelecimento de correlações entre o ciclo económico (financeiro) e a densidade sindical. Para os Webb, os sindicatos operários eram, acima de tudo, instituições económicas e não instituições morais, psicológicas ou revolucionárias. Com o advento do capitalismo e da economia de mercado, no século XIX, as leis da oferta e da procura passaram a ocupar, segundo aqueles autores, um lugar central no pensamento de muitos líderes sindicais. Nessa medida, os sindicatos disputavam com o capital a salvaguarda de um bom contrato de trabalho, nomeadamente através de uma "regra comum" (*common rule*) por meio da qual se fixava um conjunto de condições salariais e de emprego em favor dos assalariados para que estes não ficassem numa posição vulnerável face ao empregador. E a negociação colectiva era o instrumento utilizado para activar este procedimento.

Mesmo sendo impulsionada pelos Webb, a visão dos sindicatos enquanto actores económicos não foi, todavia, olhada por estes autores com essa preocupação exclusiva. Para Larson e Nissen (1987: 187), os Webb foram também os representantes de uma vertente renovadora e reformadora do sindicalismo. Nesta vertente, ao mesmo tempo que se destaca o papel económico dos sindicatos, não se deixa de aludir também ao seu papel e contributo enquanto forças democráticas ao dispor da sociedade. Por isso, o *business unionism* ("sindicalismo de negócios") americano, associado a categorias de trabalhadores relativamente qualificadas, foi, segundo Richard Hyman (2001a: 8-9), a melhor ilustração da concepção dos sindicatos enquanto actores económicos. Mesmo que só de forma muito limitada o mercado de trabalho constitua um verdadeiro mercado (Hyman, 2002: 8), o slogan do *pure-and-simple unionism* ("sindicalismo puro e simples") orientou-se, desde o final do século XIX e por acção da *American Federation of Labor* (AFL) liderada por Samuel Gompers, para objectivos económicos essenciais: satisfazer os interesses concretos dos trabalhadores no emprego, no contexto da produção industrial e tendo em vista uma orientação para o poder económico. Desencantado com o sistema legal, Gompers apostou tudo no modelo de "sindicalismo de negócios", que se centrou no recurso à negociação colectiva como forma de obter melhores condições de trabalho, em vez de se focalizar na legislação (Hogler, 1995: 42). Nesta visão dos sindicatos enquanto actores económicos, que primava pela "ausência de uma preocupação político-ideológica mais ampla" (Larangeira, 1998: 175), pontificaram as figuras de John Commons (1987/1918) e Selig Perlman (1987/1928), em especial deste último para quem o "sindicalismo de negócios" era o caminho natural a seguir pelo movimento operário. Para estes autores, os modelos de organização operária eram o resultado das mudanças operadas na estrutura do mercado. Privilegiavam-se, assim, as questões relacionadas com uma "consciência do emprego" em detrimento de uma "consciência de classe" (Larson e Nissen, 1987: 131; Paquet, Tremblay e Gosselin, 2004: 302).

Ainda que o "sindicalismo de negócios" possa estar atravessado por uma contradição no seu interior – a de que os sindicatos só podem interferir na regulação do mercado de trabalho na medida em que os seus objectivos e acções transcenderem os meramente económicos (Hyman, 2001a: 8) –, o que é certo é que este tipo de análises continua a ser preferido por muitos analistas. Essa é a opinião de Alison Booth, para quem os sindicatos são organizações orientadas para a melhoria do bem estar material dos trabalhadores, nomeadamente através da conservação dos salários a um nível bastante competitivo. Em seu entender, é pacífico que os sindicatos sejam frequentemente responsáveis pela elevação dos salários acima de um nível considerado competitivo, o que é designado por "papel de «monopólio» dos sindicatos" (Booth, 1995: 7).

ii) Classe. Outra génese teórica explicativa do sindicalismo pode encontrar-se na *escola marxista*. Assim é, apesar de as abordagens marxistas sobre o sindicalismo admitirem uma diversidade que decorre do facto de poderem ser classificadas, na esteira de Marx e Engels, como "optimistas" – pela atribuição de um potencial radical aos sindicatos – e, na linha de Lenin, Michels e Trotsky, como "pessimistas" – onde aquele potencial radical não fora previsto ou valorizado (Hyman, 1971). Como é sabido, Marx viu na grande indústria um factor de concentração de pessoas desconhecidas umas das outras e um espaço onde, pela busca do salário, se geram interesses comuns contra o empregador e se criam condições de união dos trabalhadores. O sistema de ideias marxista colocou, portanto, a ênfase na natureza desigual dos desenvolvimentos técnicos e organizacionais existentes em qualquer sociedade e sugeriu que secções de "vanguarda" da classe trabalhadora deveriam emergir de empresas de grande dimensão, com grandes sistemas centralizados de propriedade e controlo (Banks, *apud* Poole, 1981: 12). A teoria marxista considerava, pois, o conflito político e de classe como sinónimo de conflito industrial, desde logo porque "a moderna sociedade burguesa, saída do declínio da sociedade feudal, não aboliu os antagonismos de classe" (Marx e Engels, 1982/1848: 107). Num quadro deste tipo, a organização sindical era vista como "uma consequência inevitável da exploração capitalista do trabalho assalariado" (Farnham e Pimlott, 1995: 54).

Muito embora Marx nunca tivesse procedido a uma articulada análise teórica de fundo sobre o sindicalismo (Regini, 1993: 1150; Farnham e Pimlott,

1995: 53; Hyman, 2001a: 17-18), emerge claramente do paradigma marxista a noção de conflito. No entanto, mesmo que aí tivesse ocupado um lugar central, essa noção não foi um exclusivo das teorias marxistas. Esta observação serve precisamente de pretexto para que se abra aqui um parêntesis e se faça referência ao pluralismo enquanto corrente que, no domínio das relações laborais, veio contribuir, desde meados do século XX, para questionar o pensamento marxista. Por exemplo, a Escola britânica de Oxford constituiu uma variante desse tipo de abordagens, colocando inevitavelmente em confronto/debate as perspectivas pluralistas e as abordagens marxistas, porque ambas são, afinal, teorias do conflito.

Para Farnham e Pimlott (1995: 47), as teorias do conflito assentam numa dupla visão da sociedade e das relações entre capital e trabalho que pressupõe: por um lado, que as sociedades ocidentais, apesar de ainda se basearem na classe, elas são "pós-capitalistas" no sentido de que o conflito político e industrial se encontram crescentemente separados e institucionalizados e que o conflito industrial se tornou menos violento e exacerbado, precisamente porque foi aceite e regulado socialmente; por outro lado, que as organizações de trabalhadores são pequenos microcosmos da sociedade e que as relações entre capital e trabalho mais não são do que o reflexo do conflito e de relações de poder entre grupos organizados numa sociedade mais ampla. Depreende-se nesta visão dual da teoria pluralista um registo evolucionista que acompanhou a caminhada histórica do sindicalismo. Esta é a opinião de Teresa Rosa, para quem essa caminhada vai da "passagem de uma organização fraca e de um movimento essencialmente contestatário e conflitual, cimentado por uma ideologia socialista, para a de uma organização que se vai fortalecendo e que vai enquadrando o conflito industrial, canalizando os interesses e a acção colectiva no sentido da defesa económica dos trabalhadores" (Rosa, 1998: 125).

Segundo a visão neomarxista de Richard Hyman (1978: 16), o pluralismo não constitui um corpo teórico homogéneo e o seu desenvolvimento quer na filosofia, quer na sociologia, quer na teoria política reflectiu uma variedade de raízes disciplinares, assim como diversos problemas conceptuais e interpretativos[8]. Ainda assim, veio conferir legitimidade à expressão colectiva de inte-

---

[8] Esta ausência de uniformidade que se deduz do argumento de Hyman foi certamente confirmada pela existência de várias Escolas pluralistas que procuraram identificar factores de legitimação de um conflito de interesses divergentes. Tais Escolas consagraram quatro teorias-chave do pensamento pluralista – protagonizadas, cronologicamente, a primeira por Dunlop, a segunda por Kerr, Dunlop, Harbison e Meyers, a terceira por Walton e Mckersie,

resses divergentes no seio da indústria e, portanto, a uma ordem negociada entre interesses competitivos (Rosa, 1998: 123). Apresentando-se como uma alternativa às leituras marxistas, o pluralismo surgiu como uma crítica à doutrina política da soberania, baseou-se num processo de concessão e compromisso, abarcou um conjunto de regras (leis, costumes) destinados a garantir liberdade de actuação aos grupos de interesse e a restringir qualquer abuso do poder (Clegg, 1975: 309). Numa sociedade plural (pluralista), aos sindicatos cabe o papel de "representantes legítimos dos interesses dos trabalhadores no trabalho, com o direito de desafiar e de gerir" (Farnham e Pimlott, 1995: 48). Ao contrário de uma visão "unitária" – onde o sindicalismo não possuía uma função representativa e um papel de regulação do conflito –, o pluralismo considerava os sindicatos uma forma institucionalizada de regulação de ordem, sendo a negociação colectiva o meio institucional pelo qual o conflito entre empregador e empregado seria regulado.

Distintamente do pluralismo, na teoria marxista as relações laborais eram politizadas e parte de uma luta de classes. Ora, é este ponto que me faz voltar à concepção de sindicalismo enquanto *classe* acima proposta por Hyman (2001a), em tensão com as noções de *mercado* e *sociedade*. Desde logo, a concepção do sindicalismo enquanto veículo de luta de classes viria a revelar-se claramente oposta ao tipo de perspectivas que concebem os sindicatos como actores económicos. Foi, de resto, bem evidente nalguns trabalhos de Marx a ideia de que os sindicatos não podiam funcionar meramente como instituições económicas. Ao invés, deviam confirmar-se como organizações destinadas a substituir e superar o poder do capital (Marx, 1987/1866: 36). O modelo do partido social-democrata alemão (fundado em 1869 e para o qual muito haviam concorrido as ideias de Marx) e o sindicalismo revolucionário do início do século XX foram duas tradições onde, embora com diferenças entre si, a luta sindical se apresentou como luta de classes.

Decorrida uma década do século XXI, dir-se-á, na linha de Hyman, que a luta de classes não desapareceu do quadro das relações laborais ou pelo menos não desapareceram os motivos para a sua existência sob novas formas. A precariedade, insegurança e exploração que caracterizam as relações laborais à escala mundial constituem pretextos de luta de classes para os sindicatos, ainda que tal luta seja atravessada por três tipos de tensões: entre inter-

---

e a quarta por A. Fox (Cutcher-Gershenfeld, 1993: 47-49) – e reconheceram quer a inevitabilidade dos conflitos, quer o papel da negociação colectiva como forma adequada para os superar.

venção política e pragmatismo economicista; entre militância (confronto) e acomodação (compromisso); entre solidariedade de classe ampla e comportamentos sectaristas (Hyman, 2001a: 28-30). Ora, se para Hyman são evidentes as descrenças numa concepção económica de sindicalismo, a persistência de tais tensões faz recear também que o sindicalismo baseado na classe, por não ser totalmente agregador, fique aquém do que seria de esperar e constitua um paradoxo. É que ao mesmo tempo que se envolvem em processos de luta, os sindicatos também regulam uma relação de emprego. Assiste-se mesmo a uma espécie de troca de papéis, pois observa-se, não raras vezes, que os sindicatos que se definem como actores de classe desempenham outro tipo de funções, sendo igualmente possível observar o inverso (Hyman, 2001a: 36).

iii) Sociedade. Na revisão das teorias clássicas do sindicalismo, M. Poole reporta-se ainda às análises que se dedicam aos *aspectos democráticos e políticos dos sindicatos.* Nelas o florescimento sindical é justificado pela análise dos efeitos do poder nas relações humanas e os sindicatos são vistos como tendo sido constituídos, em grande medida, para aumentar os direitos dos trabalhadores não só no local de trabalho como na sociedade em geral. Trata-se de atribuir uma "voz" aos trabalhadores (Visser, 1995: 39; BIT, 1997: 29; Breitenfellner, 1997: 588-589) concedendo-lhes o direito de participarem activamente e de vivenciarem plenamente a sua relação de trabalho. Tendo presente esta necessidade de alargar direitos de trabalhadores por meio da luta industrial e política, figuras como Chamberlain, Commons, Adams e Flanders centraram-se nos objectivos políticos dos sindicatos (Poole, 1981: 17-18).

Sem esquecer que existem especificidades sindicais e divergências ideológicas que atravessam a história e as práticas democráticas e políticas dos sindicatos, De Fillipo, Falco e Dasen (1993: 4-5) salientam, porém, que uma abordagem sociológica do fenómeno sindical nos permite relevar também algumas noções fundadoras que contribuíram para a definição do sindicalismo. As noções de "comunidade" (*gemeinschaft*) e "sociedade" (*gesellschaft*) de Tönnies (1989) coexistem na análise das práticas sindicais, respondendo, a primeira, a um desejo de solidariedade por parte dos membros de um sindicato (ou grupo) e, a segunda, a necessidades mais utilitaristas (subentendidas na expressão de interesses específicos). Como mostram aqueles autores, quer a comunidade, quer a sociedade exprimem uma realidade social particular. No caso da comunidade, é a realidade de um proletariado de origem rural⁹ que assistiu, no meio urbano, à dissolução dos seus laços tradicionais, factor que suscitou a criação de novos laços e formas de entreajuda num quadro novo. Note-se, no entanto, que esta dimensão comunitária não se liga apenas com o período da industrialização, aplicando-se também ao conjunto de trabalhadores emigrados que se encontram afastados do seu país e cultura de origem. Na linha do pensamento de Laubier (1968), para quem o sindicalismo assente na comunidade faz também apelo a sentimentos, poderia, em síntese, afirmar-se que o conceito de comunidade não é, em si mesmo, estático: "a comunidade é um processo sociocultural dinâmico, que transporta múltiplas lutas, discursos e dinâmicas de identificação, que oscilam entre a subordinação localizada e dependente das exigências produtivistas, e a *comunidade em movimento*, que afirma a sua originalidade e exige reconhecimento, dignidade e oportunidades de expansão perante os poderes dominantes" (Estanque, 2004: 305).

No que diz respeito à sociedade, De Filippo, Falco e Dasen reportam-se, por exemplo, à realidade do proletariado e dos pequenos artesãos de origem urbana que são possuidores de qualificações profissionais acrescidas e componentes de um sindicalismo de tipo mais utilitário. Nestes termos, dir-se-ia que o sindicalismo transitou da comunidade para a sociedade, de um registo assente no costume para um registo assente no contrato enquanto mecanismo de integração social (Laubier, 1968). Sem que se anule a comunidade em favor da sociedade, esta observação parece sugerir que o sindicalismo acompanhou as transformações operadas na própria sociedade, abrindo caminho para a realização de tarefas cada vez mais especializadas. Como mostrara Durkheim (1989 [1893]), por efeito da divisão do trabalho, geram-se progressivamente na sociedade processos de solidariedade pela diferença (*solidariedade orgânica*), que vieram substituir processos de solidariedade pela semelhança (*solidariedade mecânica*). Nesse sentido, "a especialização, formalização e codificação progressivas que tocam as diferentes funções no interior de um sindicato ilustram bem este processo" (De Filippo, Falco e Dasen, 1993: 5).

A concepção dos sindicatos enquanto *sociedade* articula-se com o tipo de abordagens que valorizam as componentes democrática e integradora do sindicalismo. Este olhar para o sindicalismo como *sociedade* – que coloca ênfase

---

⁹ Segundo E. P. Thompson (1987/1963), as origens do proletariado resultaram precisamente das comunidades rurais. Ou, como diria Elísio Estanque, "é na génese comunitária e na ligação identitária ao passado pré-industrial que deverão procurar-se as causas da resistência do operariado" (Estanque, 2000: 60).

no diálogo social e no papel dos sindicatos enquanto parceiros sociais – é também herdeiro de uma visão católica integradora do sindicalismo, que concebe as classes sociais não como antagónicas mas como complementares. Aliás, o conceito de "parceria social", de utilização corrente no período pós-1945, reafirma, na sua versão mais optimista, "a doutrina católica tradicional da reciprocidade funcional de capital e trabalho, e a necessidade de uma regulação ordenada e harmoniosa da sua independência" (Hyman, 2001a: 49). Ora, é neste ponto que considero pertinente trazer à discussão outras teorias portadoras de contributos para uma melhor compreensão do sindicalismo contemporâneo. Refiro-me, por um lado, às teorias do corporativismo e neocorporativismo, mas também à perspectiva pluralista. Com efeito, quando anteriormente me reportei ao sindicalismo enquanto classe, tive oportunidade de confrontar a perspectiva marxista com a perspectiva pluralista. Ao fazê-lo, procurei, então, mostrar que nesta última está também presente uma abordagem do sindicalismo enquanto protagonista do conflito de classes (como no paradigma marxista) embora não de luta de classes (como defendia Marx). O facto de os sindicatos enquanto classe serem visados pela perspectiva pluralista leva-me a admitir que a referida perspectiva não seja colocada em total oposição a uma concepção marxista de sindicalismo, como defende Teresa Rosa (1998: 120)[10]. Não estou com isso a sugerir que a mesma se deva enquadrar no tipo de análises que privilegiam o estudo do sindicalismo enquanto classe. Pelo contrário, o facto de nela a negociação colectiva ter constituído um mecanismo institucional de regulação de conflitos e os sindicatos serem vistos, por essa via, como uma espécie de instigadores da ordem social, faz com que faça porventura mais sentido situá-la no estudo do sindicalismo enquanto *sociedade*.

Um tanto de modo semelhante ao que sucede com o pluralismo, o corporativismo apresenta um leque variado de características que variam de caso para caso e de autor para autor. A definição-padrão de corporativismo, se assim se pode dizer, foi fornecida por Philippe Schmitter: trata-se de "um sistema de representação de interesses no qual as suas partes constituintes se encontram

---

[10] No entender desta autora, a análise do sindicalismo tem decorrido entre dois marcos divergentes: "os que o consideram uma expressão organizada de uma classe em luta contra a dominação capitalista (exercida por uma classe que imprime determinadas orientações ao modo de produção) e os que o analisam como uma instituição que, no interior das «relações industriais», revela capacidade para negociar regras" sobre as condições de emprego (Rosa, 1998: 119).

organizadas em categorias hierarquicamente ordenadas e funcionalmente diferenciadas, que é reconhecido (se não mesmo criado) pelo Estado e a que é concedido um monopólio de representação deliberado dentro das suas respectivas categorias..." (Schmitter, 1979: 13). Todavia, se se proceder a um *background* histórico do corporativismo, descobrem-se outros prefixos como "neo"[11], "liberal" ou "societal"[12] que adquiriram uso corrente. Com efeito, "o corporativismo é um conceito que se adapta a um conjunto de contextos em que pode aplicar-se" (Williamson, 1989: 21). Simplificando, dir-se-á que o corporativismo constitui um sistema de representação de interesses organizados da sociedade civil com as estruturas decisórias do Estado.

Neste ponto parecem descobrir-se, desde logo, diferenças face ao pluralismo. Segundo esta perspectiva, os interesses da sociedade estão organizados mas encontram-se em competição uns com os outros, ou seja, à partida não existe uma identificação do grupo com as organizações da sociedade civil ou com as instituições do sistema político. Daí que as associações sejam organizações privadas às quais não é atribuído nenhum *status* público, havendo, como tal, uma independência face ao Estado. Distintamente do pluralismo, Colin Crouch (1994: 38-47; 50; 52,53) propõe que se fale em "corporativismo negociado". Trata-se de um modelo formal adoptado por este autor para estudar as relações entre capital e trabalho. Esse modelo assenta na percepção de que existe uma confiança recíproca e interesses, em certo sentido comuns, entre sindicatos e patrões, os quais, efectivamente, podem ser partilhados. Distintamente de dois outros modelos identificados por Crouch – de "contestação", onde capital e trabalho se consideram estranhos na relação entre si, e de "negociação pluralista", onde, apesar de capital e trabalho acreditarem que podem obter lucros de uma redução de conflito entre ambos, persiste um conflito latente gerador de perdas e de ganhos para ambas as partes –, o corporativismo negociado ou neocorporativismo coloca ênfase no estabelecimento de uma

---

[11] Fala-se frequentemente em neocorporativismo para que se faça a distinção relativamente às primeiras formas de pensamento social corporativista e a uma certa prática autoritária que por vezes lhes está associada. No entanto, Manuel de Lucena (1985: 828) opta por colocar o prefixo "neo" entre parêntesis por não se estar, segundo o mesmo, diante de uma realidade institucional nova.

[12] Gerhard Lehmbruch (1979: 53), por exemplo, utilizou a expressão "corporativismo liberal" para se referir ao tipo especial de participação na política pública de grupos sociais organizados, sendo certo que se trata de grupos autónomos que negoceiam e cooperam uns com os outros. Por sua vez, Schmitter (1979: 20) falou em "corporativismo societal" em oposição ao "corporativismo autoritário" e "estatal".

densa rede de relações e de trocas entre organizações sindicais e patronais e permite introduzir a questão do Estado, pois é a actividade estatal que possibilita a activação dessa rede de relações. O corporativismo negociado permite, assim, aos sindicatos, enquanto agregadores de interesses organizados na sociedade, estender-se pelo espaço político, "ligando as trocas que aí estabelecem à expansão geral da sua rede de relações" (Crouch, 1994: 53).

Do processo de articulação entre sindicalismo e (neo)corporativismo retira-se, pois, a ideia de que o primeiro constitui a forma tradicional de representação dos interesses da classe trabalhadora e o segundo incorpora uma dimensão social que envolve não apenas os sindicatos, mas todas as formas de organização social que necessitam de ver os seus interesses representados. Como refere Sanz, "o sindicalismo e o corporativismo são dois fenómenos sociais autónomos de natureza distinta, mas possuem a mesma estratégia de converter-se em forças sociais orientadas para o controlo institucional do poder político e alcançar, desse modo, de maneira formal e organizada, os objectivos de certos grupos sociais" (Sanz, 1993: 373). Em suma, o corporativismo negociado ou neocorporativismo tornou possível, a meu ver, um reencontro do sindicalismo com a *sociedade*. Para além de abrir caminho a uma fase de concertação social, característica sobretudo dos anos 70 e 80 (Regini, 1992), o neocorporativismo teve como "herdeiros" mais recentes, sobretudo na última década do século XX, a celebração de "pactos sociais" entre as organizações sindicais e patronais de topo (Fajertag e Pochet, orgs., 1997; 2000)[13].

Na linha de Rainer Zoll (1998) e de Richard Hyman (2001a), parece ser necessário empreender um esforço suplementar para que o sindicalismo se consolide como actor da sociedade civil. Por um lado, o sindicalismo social-democrata, assente numa negociação ou parceria institucionalizada com governos e empregadores, não parece oferecer mais garantias de produzir resultados positivos (Hyman, 2001a: 56). Daí a necessidade de recuperar o papel de movimento social do sindicalismo e construir, tanto à escala nacional como supranacional, alianças com outras organizações da sociedade civil (Hyman, 2002: 29). Por outro lado, sendo a sociedade civil um espaço de participação por excelência, é também aquele onde os sindicatos se podem defender das investidas do mercado. Nesse espaço, "tendências e contratendências confrontam-se umas às outras; é obviamente um espaço onde os conflitos ocorrem entre tendências de fechamento, de privatização e exclusão, por um lado,

---

[13] Para uma discussão deste tópico, cf. ainda, entre outros, HBS-ISE-OSE (1997), Dornelas e Pinto (orgs., 2000), Hassel (2009), Natali e Pochet (2009).

e tendências de abertura, de participação, de comunicação e de fortalecimento da actividade pública, por outro" (Zoll, 1998: 112). Por isso, é do interesse dos sindicatos desenvolver novas formas civilizadas de conflito social e novos mecanismos de resolução de conflitos, nos domínios ecológico, social e do mercado de trabalho. Deles decorreriam novos contratos sociais como forma de institucionalizar e estabilizar resultados.

3. Tipologias do sindicalismo

A diversidade de teorias e conceitos sobre o sindicalismo é extensível às tipologias. Dou aqui apenas conta de três delas. Por mais homogénea que se apresente, a realidade sindical admite diferentes classificações, o que significa que o papel e a acção do sindicalismo podem variar e conhecer orientações muito distintas consoante os contextos sócio-económicos e políticos em que têm lugar. Seguidamente reporto-me a três tipologias. A primeira, avançada por Touraine e Mottez (1970), distingue entre sindicalismo de *oposição*, de *integração* e de *controlo*. Trata-se de uma tipologia algo convergente com as propostas de classificação de Sagnes (1994a), Xavier (1993; 1999) ou de De Fillippo, Falco e Dasen (1993); a segunda tipologia, que se pode encontrar, por exemplo, nos trabalhos de Lima (1991), Santos (1995) ou Rosa (1998), parte de uma distinção mais ampla que coloca em confronto o que se poderia designar por um sindicalismo de *negociação* e um sindicalismo de *contestação*; a terceira tipologia aponta para um *sindicalismo de movimento social* (Munck, 1988; Lambert e Webster, 1988; Scipes, 1992; Waterman, 1993; 1999; Seidman, 1994; Moody, 1997a; 1997b; Adler e Webster, 1999).

1. Ao estudarem o sindicalismo de um ponto de vista da sociedade global, Touraine e Mottez (1970: 264 e ss.) discutem o poder social dos sindicatos, segundo essa força se mostra reveladora de *oposição*, de *integração* ou de *controlo*. No primeiro caso – *sindicalismo de oposição*[14] –, estamos perante um tipo de sindicalismo de luta de classes, de vocação internacionalista, que rejeita a sociedade capitalista existente e que tem as suas raízes numa concepção marxista de classes sociais e no seu carácter antagonista. Neste cenário, o sindicato, enquanto apologista da greve geral, da sabotagem, do boicote e da insurreição

---

[14] Num sentido convergente com este, De Filippo, Falco e Dasen (1993: 7) falam em sindicalismo "horizontal" ou "revolucionário", ao passo que Sagnes (1994a: 17) utiliza a expressão *sindicalismo de reinvindicação e de oposição revolucionária* e Xavier (1993: 116; 1999: 58) usa o termo *sindicalismo revolucionário*.

(Ferreira, 2002: 217), constitui-se como "um instrumento necessário para a revolução proletária emancipadora" (Xavier, 1993: 116; 1998: 58). Ainda que possa ser defendida uma independência face aos partidos ou organismos do Estado, este tipo de sindicalismo adoptou, com frequência, uma orientação paralela à dos partidos comunistas da Europa Ocidental. Para Sagnes, "este sindicalismo retira a sua força de um projecto global de mudança da sociedade", funcionando como "uma utopia, um ideal a atingir" (Sagnes, 1994a: 17). Incluem-se neste tipo de sindicalismo as formas anarquista, comunista, e de sindicalismo revolucionário, bem como as variantes dessas diferentes formas.

Por outro lado, o *sindicalismo de integração*, o segundo tipo de sindicalismo destacado por Touraine e Mottez (1970: 274-279), está directamente associado ao poder, nele se distinguindo-se um elevado grau de integração nas diferentes instituições oficiais (económicas, sociais e políticas)[15]. Nestes termos, embora não desapareça, a vertente reivindicativa do sindicalismo passa para segundo plano pois estamos perante um sindicalismo de gestão, que participa de forma activa na tomada de decisões. Inserem-se neste tipo de sindicalismo os regimes de socialismo de Estado (ditos comunistas)[16] ou os regimes terceiro-mundistas, ambos em crise. Além disso, foi também o caso dos regimes fascistas na Alemanha, Itália ou Espanha. De igual modo, penso que poderão incluir-se também neste tipo de sindicalismo as experiências de controlo sobre todos os domínios da actividade sindical registadas nos períodos de ditadura que tanto Portugal como o Brasil atravessaram durante décadas no século XX. Afinal, como faz notar Molitor (1990: 11), o *sindicalismo de integração* pode ajudar-nos a compreender os limites que a acção sindical tem ou teve naquelas sociedades dominadas por regimes autoritários que utilizaram os sindicatos como instrumentos de controlo social e de mobilização.

Finalmente, o *sindicalismo de controlo* caracteriza-se por aceitar o acesso ao poder da classe operária, mas sem participação directa nele (Touraine e

---

[15] Este tipo de sindicalismo é designado por De Filippo, Falco e Dasen (1993: 6) como "vertical" ou "institucionalizado", ao passo que Xavier fala em *sindicalismo nacionalista*: assente na solidariedade do todo nacional, na colaboração (e não na negação) da luta de classes como meio de colaboração para o desenvolvimento do país. No sindicalismo nacionalista, o sindicalismo deverá "responder perante o Estado e nele ser enquadrado" (Xavier, 1993: 117; 1999: 58).

[16] Para Sagnes, o sindicalismo comunista afirma-se como sindicalismo de reivindicação quando os comunistas não estão no poder, passando a assumir-se como sindicalismo de gestão quando sucede o contrário.

Mottez, 1970: 266). É um tipo de sindicalismo (que Sagnes designa por sindicalismo de *reivindicação* e de *controlo*) que admite a sociedade capitalista, mas que procura obter dela o máximo de vantagens de modo a controlá-la. Dos três tipos de sindicalismo, este parece ser claramente o mais complexo por fazer apelo a diferentes formas de sindicalismo: uma forma corporativa, mais típica dos EUA; uma forma reformista, ao estilo dos sindicatos britânicos, escandinavos e alemães; e uma forma cristã, na linha da outrora Confederação Mundial do Trabalho[17]. Ao contrário do que se esperaria, estes sindicatos dão prova de um sólido "espírito de classe", ainda que a sua combatividade seja variável. O objectivo principal é a obtenção de vantagens importantes decorrentes de acordos estabelecidos em torno do Estado-Providência (Sagnes, 1994a: 17).

Em forma de comentário ao "estado da arte" de cada um dos três tipos de sindicalismo – de oposição, integração e controlo –, dir-se-á que o terceiro tipo de sindicalismo foi o que mais se "aguentou" (não obstante a crise do Estado-Providência), o que também se explica certamente pelo facto de ser dotado de uma maior diversidade interna[18]. Inversamente, o sindicalismo de oposição foi perdendo a sua influência à medida que o sindicalismo comunista revolucionário foi perdendo adeptos, num contexto mundial mais propício a aceitar os valores da sociedade capitalista do que a enfatizar as razões de uma corrente doutrinal marxista. Por outro lado, o sindicalismo de integração perdeu também grandemente a sua influência, sobretudo desde a queda das ditaduras fascistas e dos modelos de corporativismo estatal.

---

[17] Atendendo certamente a esta diversidade de formas, Xavier (1993: 116-117; 1999: 58) distingue entre: *sindicalismo reformista* – que tende para uma mudança gradual do sistema e para a transformação, a longo prazo, das relações de produção; além disso, visa melhorar as condições dos trabalhadores e promover a sua influência no plano político e social –; *sindicalismo de controlo* – que aceita o sistema capitalista, procurando extrair dele amplas vantagens para os trabalhadores –; e *sindicalismo de inspiração cristã* – que se filia na doutrina social da igreja e que defende que a uma organização sindical devem ser concedidas funções sociais que assegurem a justiça nas relações de trabalho e a dignificação dos trabalhadores e do trabalho.

[18] Ainda segundo Lobo Xavier, o *sindicalismo de controlo* (exemplificado pelo sindicalismo norte-americano), bem como o *sindicalismo reformista* "tendem a ser os *dominantes*, tendo como características a *democraticidade* na representação e processos, a autonomia face ao Estado e uma relativa *integração* na sociedade" (através de um método reinvindicativo/participativo – como na Inglaterra e Escandinávia –, ou co-gestionário – como na Alemanha –, ou essencialmente pragmático e dentro do sistema – como nos EUA –, ou mais acentuadamente reivindicativo – como nos países da Europa do Sul" (Xavier, 1999: 58).

2. A segunda tipologia aqui recuperada consiste na relação entre *sindicalismo de negociação* e *sindicalismo de contestação*. O primeiro tipo de sindicalismo, que Teresa Rosa (1998: 344) designa de *sindicalismo de participação*, assenta nas seguintes características: fraca visibilidade de estruturação em termos de classes antagónicas; coincide frequentemente com o reforço da implementação do sistema técnico de produção e com a influência dos processos de socialização ditados pelo sistema escolar; faz depender a eficácia da acção sindical da negociação bilateral ou tripartida entre parceiros sociais; revela poucos sinais de comprometimento com a actividade sindical. Por outro lado, o *sindicalismo de contestação* apresenta uma forte capacidade mobilizadora e apoia-se na ideia de que a contestação tende a ser a forma de acção de classe privilegiada para a obtenção das reivindicações do sindicato. Além disso, neste tipo de sindicalismo os trabalhadores revelam "maiores níveis de poder e têm uma maior militância sindical" (Rosa, 1998: 345). Portanto, num sindicalismo de contestação a acção sindical expressa-se sob a forma de oposição e antagonismo de classe.

Reflexo da ampla relação entre consenso e conflito, esta classificação dicotómica parece aplicar-se bem, por exemplo, quer ao sindicalismo português, quer ao sindicalismo brasileiro. Tanto a realidade sindical portuguesa, como a realidade sindical brasileira tornam explícita a tensão entre um sindicalismo que privilegia a contestação e a luta sindical e um sindicalismo que valoriza a negociação e o consenso. No caso português, a dificuldade em conjugar práticas sindicais entre as duas principais centrais sindicais – Confederação Geral dos Trabalhadores Portugueses (CGTP) e União Geral de Trabalhadores (UGT) – vem já desde o final dos anos setenta, aquando da criação da UGT, tendo as ligações partidárias das duas centrais, a dissonância de projectos ideológicos ou as diferenças de composição social (Lima, 1991: 913-914), configurado precisamente aqueles dois tipos de sindicalismo, de negociação *versus* contestação. Por sua vez, no caso brasileiro, é possível distinguir entre "sindicalismo de participação" e "sindicalismo de classe" (Ramalho, 1999: 169), situações algo semelhantes têm sucedido ao longo do tempo entre a CUT e a central sindical rival, a Força Sindical (FS) (Vigevani, 1998: 102; Boito Jr., 1998: 73-74; Barros, 1999: 38-39; Cardoso, 2003: 62-73). Isso foi evidente, por exemplo, na forma crítica e combativa com a primeira se confrontou com as propostas de flexibilização da legislação do trabalho brasileira, apresentadas na parte final da legislatura do segundo governo de Fernando Henrique Cardoso, em contraposição com o conformismo e aceitação de tais propostas manifestados pela FS. Por seu lado, também as comemorações anuais do "Primeiro de

Maio" tendem a acentuar as rivalidades entre as centrais sindicais, pondo ao rubro uma tensão entre o que se poderia designar de "discursos políticos" e "discursos festivos" sobre o Primeiro de Maio. Tradicionalmente, a CUT foi a protagonista do primeiro tipo de discursos (mais ou menos na linha do que faz a CGTP em Portugal), ao passo que a FS se revelou mais adepta do segundo (mais ou menos na linha do que faz a UGT em Portugal). Em todo o caso, face à eleição do presidente Lula, nas comemorações do Primeiro de Maio de 2003 foi a primeira vez que, ao longo da sua história, a CUT não desferiu ataques frontais ao governo, ao passo que a FS ameaçou fazer protestos de rua se as reformas do governo Lula viessem a "prejudicar o povo". Na verdade, os governos Lula (e, na mesma linha, a eleição de Dilma Rousseff apoiada pelo Partido dos Trabalhadores) colocaram a CUT numa posição mais "dócil", levando mesmo à saída de "cutistas" da central, por considerarem estar a desvirtuar-se o projecto contra-hegemónico fundador da CUT.

Estes desenvolvimentos políticos brasileiros da primeira década do século XXI (mas, no fundo, a evolução e alternância dos ciclos políticos em geral) parecem acabar por interferir na definição das tipologias, dificultando, desse modo, a construção de tipologias perfeitas. Ou seja, tal como na primeira tipologia enunciada (oposição, integração, controlo) não se podia falar num sindicalismo de contornos totalmente definidos (sobretudo no que dizia respeito ao sindicalismo de controlo), também nesta tipologia (negociação *versus* contestação) não será ajustado falar de modelos "puros" de sindicalismo. Quero com isto dizer que quer a contestação (que de certo se articularia melhor com um sindicalismo de oposição), quer a participação (mais condizente com um sindicalismo de controlo) podem ser vistas como referências dominantes mas não exclusivas e impenetráveis. Nesse sentido, parece-me que dificilmente poderíamos conceber o sindicalismo de contestação sem um grau mínimo de participação, nem pensar o sindicalismo de negociação sem um grau mínimo de contestação. Assim sendo, duas vias *per mezzo* seriam, por um lado, a *contestação participativa* e, por um lado, a *participação contestatária*. O anúncio inédito de um pré-aviso conjunto de greve como o que a CGTP e a UGT fizeram a propósito da greve geral de 24 de Novembro de 2010 é talvez um bom exemplo de que o olhar sobre as tipologias não se quer rígido mas sim prudente. Afinal, não foi apenas a UGT que aceitou *lutar* ao lado da CGTP, mas igualmente a CGTP que aceitou *negociar* com a UGT a agenda dessa jornada de protesto face às medidas de austeridade económica impostas aos funcionários públicos e à sociedade em geral.

3. Tanto na primeira como na segunda tipologia a presença de factores políticos e ideológicos é notória[19]. No entanto, esse tipo de condicionantes que, afinal, são responsáveis pela diversidade e especificidade subjacente aos vários tipos específicos de sindicalismo, não cobre toda a actividade sindical. Daí a oportunidade de incluir também no leque de tipologias seleccionadas o *sindicalismo de movimento social*. Desde logo, porque se sugere a constituição de um tipo de sindicalismo diversificado, que não se encontra preso a definições ideológicas: "inclui pessoas de uma variedade de tendências e até mesmo mais pessoas sem nenhuns antecedentes de esquerda. Contém organizações tão diferentes como sindicatos e redes oposicionistas" (Moody, 1997a: 71; 1997b: 289-290). Talvez seja abusivo falar de uma tipologia, porque parece estar a falar-se apenas de um tipo de sindicalismo. No entanto, trata-se de uma forma de sindicalismo que abre precisamente espaço para a combinação de múltiplas experiências de intervenção e organização sindical nas quais a vertente ideológica, se bem que não desapareça (até porque qualquer luta sindical tem de ter sempre uma referencial político e ideológico susceptível de agregar interesses em torno de uma causa ou conjunto de causas comuns), ela não parece condicionar de forma tão decisiva o papel do sindicalismo. Mais do que remeter para uma prática ou conjunto de práticas consolidadas, esta concepção como que sugere uma necessidade ampla de repensar a actividade sindical em geral. Nesse sentido, poderá mesmo ser vista como uma espécie de guia orientador para a renovação do sindicalismo, embora não colida com outras tipologias. Em todo o caso, distintamente das tipologias anteriores, o sindicalismo de movimento social não experimenta apenas a relação do sindicalismo consigo mesmo, mas sim com o "exterior" do próprio sindicalismo. Também por isso, e por me parecer mais correcto considerá-lo como uma forma de sindicalismo emergente, detenho-me mais demoradamente nele do que nos anteriores tipos de sindicalismo.

Este tipo de sindicalismo distingue-se igualmente quer de um *sindicalismo económico*, quer de um *sindicalismo político* (Scipes, 1992: 86; 2000: 6; Hirs-

---

[19] Além daquelas duas tipologias, outras poderiam ser referenciadas pelo seu teor ideológico. Embora algumas delas remetam para tipos de sindicalismo já acima assinalados, na óptica de João Freire (2001: 177-178) é ainda possível identificar três ideologias sindicais que geraram mais consensos entre os estudiosos destas matérias e outras três menos unânimes. No que concerne às primeiras, o autor distingue a ideologia *reformista* (também conhecida por "trabalhista", anglo-saxónica" ou "nórdica"), a *socialista-revolucionária* e a *bolchevista*. No que concerne às segundas, distingue a ideologia *corporativa*, a *cristã* e a *nacionalista*.

chsohn, 1998: 635-637). Enquanto que o *sindicalismo económico* (a que atrás já fiz referencia, ao reportar-me às teorias sindicais do *mercado*) se "acomoda" à satisfação dos interesses de bem-estar imediatos dos membros dos sindicatos, o *sindicalismo político* encontra-se subordinado a um partido político ou ao Estado, a quem os líderes sindicais manifestam lealdade (Scipes, 1992: 86; Lambert, 2002: 199). Distintamente, o sindicalismo de movimento social "rejeita especificamente a separação artificial entre política e economia que é aceite por outros tipos de sindicalismo. O sindicalismo de movimento social vê as lutas dos trabalhadores meramente como um entre muitos esforços de mudar qualitativamente a sociedade, e não como o único local de luta política e mudança social ou mesmo o local principal" (Scipes, 2000: 6). Não estamos, assim, nem perante uma versão temperada de um sindicalismo político – comum na América Latina e na Europa, em que os sindicatos apoiam partidos de esquerda –, nem perante uma espécie de coligação liberal ou social-democrata – que tende a ver os sindicatos e os movimentos sociais como elementos de uma coligação eleitoral (Moody, 1997a: 59; 1997b: 275). Nesse sentido, o sindicalismo de movimento social é carregado por tensões e por uma instabilidade que caracteriza os efeitos contraditórios das lutas sociais (Waterman, 1993; Hirschsohm, 1998: 636-637).

Ao basear-me nas propostas de Ebbinghaus e Visser (2000a), já anteriormente tive oportunidade de referir que o sindicalismo pode ser estudado como fazendo parte de um movimento social orientado para uma mobilização emancipatória dos trabalhadores e para a democratização da sociedade. Além disso, como salienta Tixier (1992), o paradigma do movimento social, sendo um dos três paradigmas explicativos do sindicalismo (para além do identitário e do paradigma do conflito e da negociação colectiva), centra-se sobretudo nas dimensões de luta, de mobilização e transformação (Touraine, Wierviorka e Dubet, 1984) que, no fundo, constituem uma espécie de "assalto" ao poder das classes dominantes. No entanto, o final do século XX e a primeira década do século XXI revelaram um certo esvaziamento dessa componente mobilizadora do movimento sindical. Ora, ao falar aqui em sindicalismo de movimento social estou, em certo sentido, a sugerir que essa componente mobilizadora do sindicalismo poderá ser reavivada desde que conjugada em sintonia com outros movimentos sociais. É esse, aliás, o significado subjacente ao sindicalismo de movimento social:

> *"No sindicalismo de movimento social nem os sindicatos nem os seus membros são de forma alguma passivos. Os sindicatos assumem uma liderança activa nas ruas, assim como na política. Eles aliam-se a outros movimentos sociais, mas fornecem uma visão de classe e conteúdo que con-*

tribui para uma colagem mais forte do que aquela que vulgarmente sustenta as coligações eleitorais ou temporárias em conjunto. Esse conteúdo não são apenas as exigências dos movimentos, mas a activação da massa dos membros sindicais como líderes da carga – aqueles que em muitos casos possuem a maior alavanca social e económica na sociedade capitalista. O sindicalismo de movimento social encerra uma orientação estratégica activa que utiliza os mais fortes da sociedade oprimida e explorada, geralmente os trabalhadores organizados, para mobilizar os que são menos capazes de se automobilizarem: os pobres, desempregados, os trabalhadores informais, as organizações de vizinhança" (Moody, 1997a: 59; 1997b: 276).

"O sindicalismo de movimento social é uma estratégia activa e orientada para a comunidade que funciona com base numa concepção ampla de quem são as pessoas que trabalham. Rompe com as oposições binárias entre local de trabalho e comunidade, lutas económicas e políticas e entre trabalhadores do sector formal e trabalhadores pobres" (Munck, 2000b: 93).

"Uma nova forma de sindicalismo, sindicalismo de movimento social, nasce quando estas características se materializam – local de trabalho, transcendência dos sistemas de relações laborais através de alianças de longo termo com outros movimentos da sociedade civil e orientação para a acção colectiva" (Lambert, 2002: 197).

As origens do sindicalismo de movimento social reconduzem-nos aos movimentos operários da África do Sul, Brasil e do Terceiro Mundo (Moody, 1997b: 4; 147; Munck, 1988: 117; Adler e Webster, 1999: 144)[20]. Num estudo comparado entre o Brasil e a África do Sul, onde se analisou a relação directa entre a industrialização tardia naqueles dois países e as formas concretas de mobilização operária neles ocorridas, Gay Seidman defendeu que os padrões específicos de industrialização moldaram as estratégias laborais, conferindo-lhes um sentido mais amplo e uma mais diversificada mobilização de classe (Seidman, 1994: 11). Nesse sentido, o sindicalismo de movimento social é definido pela autora como "um esforço para elevar os padrões de vida da classe trabalhadora como um todo e não tanto como um esforço para proteger individualmente os interesses definidos dos membros dos sindicatos" (Seidman, 1994: 2). Num registo próximo deste, Adler e Webster (1999) analisam também os contributos do "sindicalismo de movimento social" – realidade que ocorre quando as características organizacionais dos sindicatos se fundem com a capa-

---

[20] Na opinião de Kim Scipes (2000: 6), antes mesmo de Moody (1997a; 1997b) o "sindicalismo de movimento social" – que sugere que as lutas dos trabalhadores são apenas um entre vários esforços para mudar qualitativamente a sociedade – foi objecto de um debate internacional no final dos anos 80, princípio dos anos 90 do século XX, promovido por Eddie Webster, Rob Lambert, Peter Waterman e pelo próprio Scipes, sobre os novos tipos de sindicalismo que emergiam no Brasil, Filipinas, África do Sul e Coreia do Sul.

cidade de mobilização dos movimentos sociais (Adler e Webster, 1999: 143) – para as teorias e as práticas associadas ao processo de transição e consolidação democrática na África do Sul. O sindicalismo de movimento social ajuda a clarificar as diferenças entre sindicatos e movimentos sociais, ao mesmo tempo que permite especificar sob que condições os sindicatos e outros movimentos sociais se tornam mais semelhantes entre si (Adler e Webster, 1999: 144).

A principal central sindical de cada um daqueles dois países, respectivamente a *Congress of South African Trade Unions* (COSATU), na África do Sul, e CUT, no Brasil, foram, por assim dizer, "porta estandartes" de um sindicalismo de movimento social. A COSATU afirmou-se como modelo deste tipo de sindicalismo, que combina a negociação colectiva convencional institucionalizada com diferentes tipos de acção colectiva associados aos movimentos sociais (Hirschsohn, 1998: 633; Bezuidenhoudt, 2002: 382; 398-399). Na CUT, por outro lado, a edificação de "um sindicato orgânico mas também cidadão, que represente os trabalhadores e seja movimento social, que dê conta dos desafios do capitalismo como modo de produção e processo civilizatório", permitindo assim uma "integração da consciência operária com a consciência da cidadania" (Nascimento, 1998: 83), recebeu também uma atenção significativa. Como salienta Roberto Véras (2004: 220), desde o início dos anos 90 a central sindical brasileira passou a utilizar com maior frequência a expressão "sindicato cidadão", que designa: "uma prática sindical de carácter mais «propositivo», que toma como centrais a defesa do emprego e dos direitos sociais, que busca ampliar sua actuação nos espaços institucionais e influir de maneira mais directa na formulação e execução das políticas públicas sociais, que procura articular-se mais fortemente com outras organizações e movimentos sociais, seja nos âmbitos local (sob o tema do "poder local") e nacional (sob a discussão de "projecto nacional"), seja no âmbito internacional".

As reflexões de Boaventura de Sousa Santos sobre o sindicalismo português (Santos, 1995; 2006) e sobre as possíveis teses para a sua renovação não deixam igualmente de fazer alusão ao sindicalismo de movimento social, embora o autor não utilize este conceito. Em seu entender, a defesa de uma "cidadania fora do espaço da produção convoca o movimento sindical a articular-se com outros movimentos sociais progressistas, movimentos de consumidores, ecológicos, antirracistas, feministas, etc.", obrigando-o a deslocar muitas das suas energias contestatárias para a "articulação com estes outros movimentos" (1995: 135) e a fazer apelo a uma "cultura democrática de cidadania activa para além da fábrica" (Santos, 1995: 139). Para este autor, o compromisso político dos sindicatos é com os trabalhadores e com a democracia, mas trata-se de um compromisso difícil e complexo porque sendo os trabalhadores "menos cidadãos da sua empresa do que são do seu país, a democracia representativa é sempre para eles uma experiência limitada e frustrante" (Santos, 1995: 137). A solução passaria, então, por ver completada a democracia representativa pela democracia participativa, tanto no *espaço público* – onde os sindicatos actuam enquanto movimento social –, como no *espaço da produção* – onde os sindicatos actuam enquanto representantes dos trabalhadores. Em simultâneo, não pode certamente descurar-se quer o *espaço mundial* – isto é, a "soma total dos efeitos pertinentes internos das relações sociais por meio das quais se produz e reproduz uma divisão global do trabalho" (Santos, 2000: 258), tanto mais também que do fenómeno da globalização decorrem novos e exigentes desafios para os sindicatos –, quer o *espaço da cidadania*, sobretudo se se valorizar, como refere ainda Santos (1995: 135), o que de melhor a cultura operária produziu: uma ambição de cidadania partilhável por toda a sociedade[21].

4. Questões para o presente (e futuro) do sindicalismo

As definições e papéis dos sindicatos, bem como as teorias, conceitos e tipologias até aqui analisadas servem quer para nos situar perante a vocação teórico-histórica do sindicalismo, quer de guia orientador para a acção sindical. Com efeito, algumas das questões que hoje se podem colocar sobre o presente e futuro do sindicalismo são enquadradas por essas reflexões mais amplas, não obstante ser legítimo afirmar que, mais do que teorizar, os sindicatos precisam de agir.

A actualidade do sindicalismo, nomeadamente do sindicalismo português, pode hoje questionar-se à luz de três questões inter-relacionadas: 1. Até que ponto confiam as pessoas nos sindicatos? 2. Que sinais de renovação sindical são evidentes para que os trabalhadores possam efectivamente ter confiança nos sindicatos? 3. Que influência efectiva têm os sindicatos na sociedade?

Estas três interrogações colocam-nos diante de três ideias-chave, relacionadas entre si: por um lado, a ideia de *confiança* na instituição sindicato, nas suas políticas e nas pessoas que o dirigem, o que faz supor *a priori* que, em face

---

[21] Ainda no contexto português, cf. também as propostas de Estanque (2004) – sobre o papel do "sindicalismo social" nas estratégias de organização sindical local, regional (dentro do país) e nacional, através do estudo das articulações do sindicato do calçado de São João da Madeira com outros movimentos associativos de base local, nomeadamente no domínio cultural – e ainda de Costa (2005: 689-752; 2008: 249-287) sobre os desafios de um sindicalismo de movimento social transnacional.

de uma crise de representatividade com a qual é inevitável ter de lidar, essa confiança nem sempre existe ou está longe do desejável; por outro lado, a ideia de *renovação* questiona directamente o carácter imobilista dos discursos (e práticas) sindicais e deixa no ar a ideia de que se os responsáveis sindicais não fizerem alguma coisa para mudar correm o risco de não só não ganharem novos adeptos para as suas causas, como de não recuperarem a confiança daqueles que no passado lha depositaram; e, por outro lado ainda, a ideia de *poder de influência*, isto é, o impacto efectivo (resultados concretos) na sociedade, no mercado de trabalho, junto dos agentes económicos, das instituições do Estado e na esfera pública em geral. Na prática, como disse, as três questões estão articuladas, pois haverá tanto mais confiança quanto houver renovação e haverá tanto mais acolhimento das propostas sindicais quanto estas se traduzirem em conquistas reais para os/as trabalhadores/as e a sociedade em geral.

No entanto, não existe seguramente uma resposta-tipo para cada uma destas questões, tanto mais que elas suscitam olhares diferenciados por parte dos actores que ante elas se posicionam, sejam trabalhadores considerados individualmente, organizações sindicais, governos ou cidadãos em geral. Num cenário de respostas plurais, apresento aqui também apenas algumas possibilidades de resposta (necessariamente parciais) para aquelas questões. Algumas delas, convirá dizê-lo, sugerem mesmo mais interrogações adicionais do que propriamente respostas.

A primeira questão (até que ponto confiam as pessoas nos sindicatos?) pode avaliar-se se atentarmos nas tendências de sindicalização, ainda que o cálculo destas tendências não tenha sido objecto de análises e interpretações totalmente coincidentes entre os estudiosos do tema em Portugal (Cerdeira, 1997a; 1997b; Stoleroff e Nauman, 1993; 1998). Seja com for, num inquérito às atitudes sociais dos portugueses de 2006, observou-se que a percentagem de sindicalizados entre os trabalhadores por conta de outrem é de 17% (*Livro Branco das Relações Laborais*, 2007: 73; Freire, 2008: 143). Este facto, alerta para a necessidade que há em reforçar a capacidade organizativa dos sindicatos. Como referi noutros lugares (Costa, 2005: 768-772; 2008b: 295-297), *organizar* significa, entre outros pontos, reforçar a representatividade dos sindicatos no apoio a quem está no mercado formal de trabalho[22], mas igualmente dotar os sindicatos de uma capacidade de olharem para novos grupos de trabalha-

---

[22] Para uma análise da forma como a CGTP e a UGT têm vindo nos últimos anos a procurar dinamizar as campanhas de sindicalização, cf. CGTP (2007; 2008a: 61-62; 2008b: 17-19) e UGT (2009: 1-4).

dores (Kloosterboer, 2008: 46-48; 58-60) com maior dificuldade de organização, como os trabalhadores precários, os que trabalham a recibo verde (AAVV, 2009) e mesmo os desempregados (que ou já foram empregados ou ainda não tiveram oportunidade de o ser) que clamam por oportunidades no mercado de trabalho e que engrossam uma massa social em crescimento na sociedade portuguesa. A confiança colectiva nos sindicatos passa, pois, pela capacidade de incorporar/apoiar esses grupos que ficam normalmente colocados "à margem" do sistema.

O facto de haver pelo menos uma aparente contradição entre os cerca de 66% de inquiridos no referido inquérito que declararam que "os sindicatos são muito importantes para a segurança do emprego" e os 69% que declararam nunca ter sido sindicalizados vem de igual modo chamar a atenção para uma componente eminentemente subjectiva que também se encontra associada à questão da confiança. No panorama laboral português, o que parece suceder é que os trabalhadores confiarão tanto mais nos sindicatos quanto estes forem capazes de defender os seus interesses/ou lutar por eles no mercado de trabalho (nomeadamente interesses legítimos relacionados com a manutenção do emprego, o equilíbrio do poder de compra, as condições de progressão na carreira, etc.). Ou seja, a busca de um sentido de protecção no trabalho funciona como "moeda de troca" para a confiança que lhes é depositada. Pelo menos no curto e médio prazo não se afigura que os sindicatos – enquanto principal força organizada da sociedade – sejam substituídos por outra(s) entidade(s) protectora(s) dos direitos e interesses de quem trabalha. Como tal, a desconfiança que possa existir face aos sindicatos é a que resulta sobretudo das inseguranças face ao emprego, ainda que a situação também aqui possa parecer paradoxal: por um lado, o trabalho precário e as múltiplas formas atípicas de trabalho tornam mais urgente do que nunca a intervenção dos sindicatos e, portanto, a busca de um sentido de protecção por parte dos trabalhadores; por outro lado, porém, muitos trabalhadores receiam juntar-se ao sindicato (ou exercer actividade sindical), porque quando têm que optar entre um emprego em piores condições (e, portanto, sem suporte sindical) e a porta do desemprego, "preferem" a primeira opção. Ou melhor, receiam que uma vinculação ao sindicato seja sinónimo de perseguição patronal e perda de emprego. Não espanta, pois, como refere o *Livro Branco das Relações Laborais*, que os valores mais elevados da sindicalização se situem entre os trabalhadores com contratos sem termo a tempo inteiro, atingindo 37% (AAVV, 2007: 72).

A segunda questão (que sinais de renovação sindical são evidentes para que os trabalhadores possam efectivamente ter confiança nos sindicatos?) sugere a necessidade de mudar para (re)conquistar adeptos para as causas sindicais. A crise de representatividade é só a ponta do *icerberg*, porventura por ser a que suscita maior curiosidade e se converter em taxas de sindicalização. Mas em parte para perceber a tendência de perda de representatividade, é preciso acrescentar que, de facto, muitas organizações sindicais, tanto nacionais como internacionais, se acomodaram aos discursos e conquistas do passado, abraçaram lógicas burocráticas ou reproduziram desmedidamente influências partidárias. É inquestionável que muitas se mantiveram "masculinas", "brancas", pouco rejuvenescidas e, portanto, pouco disponíveis para a mudança e a inovação. A respeito da produção discursiva das organizações sindicais, um exercício sociologicamente interessante que pode ajudar a avaliar os sinais de "paragem no tempo" consiste em comparar os conteúdos dos textos emanados dos congressos das organizações sindicais (programas de acção, resoluções, relatórios de actividades, etc.) que se realizam, regra geral, de quatro em quatro anos.

Como não estão imunes à crítica, os responsáveis sindicais têm vindo a reconhecer a necessidade de incorporar mais jovens e mais mulheres nos seus quadros como forma de se renovarem tanto "para dentro" (na organização) como "para fora" (na imagem que criam na opinião pública). Da mesma forma que estão atentas às necessidades de sindicalização, tanto as lideranças da CGTP como as da UGT parecem cientes da necessidade de dar espaço acrescido a departamentos/secções internas como a Comissão de igualdade entre homens e mulheres, a Interjovem ou a Inter-reformados (no caso da CGTP), ou como a comissão de mulheres ou de uma comissão de juventude (no caso da UGT). Quanto mais espaço, visibilidade e sentido prático conferirem a essas secções internas, tanto mais estarão em condições de refutar a acusação de que sindicatos favorecem uma "visão jurássica" das relações laborais.

O reforço da democracia interna dos sindicatos afigura-se igualmente como um oportuno sinal de renovação capaz de melhorar a sua imagem, quer da imagem que os associados têm do sindicato, quer da imagem que deles têm quem não é sindicalizado mas vai tendo conhecimento da existência de procedimentos democráticos. Como referi noutro lugar (Costa, 2008b: 297), trata-se de promover de forma mais regular uma articulação entre o topo e as bases da hierarquia sindical, o que significa contribuir para divulgar e tornar conhecidas junto dos vários níveis organizacionais que compõem as organizações sindicais informações sobre medidas, formas de luta, decisões a tomar. Não se trata, note-se, de subverter ou ultrapassar o papel dos órgãos que, no seio de cada estrutura sindical, têm a legitimidade para tomar decisões em nome do grosso dos trabalhadores filiados nessa estrutura (fazê-lo poderia, inclusive, retardar as capacidades de resposta de um sindicato). Trata-se, isso sim, de descentralizar a tomada de decisões (sobretudo no caso em que os órgãos com poderes de decisão estão divididos quanto a um tema) a um colectivo mais vasto (as bases) de modo a que este se sinta ouvido de forma mais regular em questões passíveis de decisão pouco consensual. Como recorda Kloosterboer (2008: 52-53), a realização de referendos internos sobre a possibilidade de estabelecer pactos sociais com o governo a propósito de políticas de rendimentos, ou a propósito da definição de regras para sistemas de pensões, ou de auscultar sócios sobre a possibilidade de aumentar as quotizações, etc., são exemplos de práticas que devolveram confiança aos sindicatos em diferentes partes do mundo. No caso português, no contexto da preparação da greve geral de 24 de Novembro de 2010, também alguns sindicatos expressaram a necessidade de consultar os seus associados. O Sindicato Nacional do Ensino Superior (não filiado nem na CGTP nem na UGT), por exemplo, realizou uma Assembleia Geral descentralizada, tendo pedido aos seus associados que se pronunciassem sobre se eram favoráveis ou não à realização da greve geral. A decisão dos associados veio a revelar-se favorável à adesão à greve, confirmando, assim, a decisão que já antes fora tomada nesse sentido pelo Conselho Nacional do sindicato.

A renovação da confiança nos sindicatos depende, pois, em primeira mão deles próprios. Lidar bem com as insuficiências internas é, assim, um passo decisivo nesse sentido. Ainda assim, será justo afirmá-lo, perfilam-se também vários factores externos que dificultam a capacidade de renovação interna dos sindicatos e que, por arrasto, podem secundarizar as estratégias de renovação. Como refere Waddington (2005: 3-4) são *ameaças externas* como as elevadas taxas de desemprego (é sabido que os sindicatos em geral têm dificuldade em "recuperar" desempregados), a evolução do mercado de trabalho (deslocação do emprego do sector industrial para sectores de serviços heterogéneos, como o comércio, onde os sindicatos têm dificuldade em organizar-se; a multiplicação das formas atípicas de emprego; etc.) ou a postura dos empregadores (cada vez mais reactivos face à presença sindical nas empresas e locais de trabalho). Por outro lado, quando em 2008, na sequência do acordo celebrado na concertação social para a reforma do código laboral, em vez de uma lógica de acção colectiva proposta pelos sindicatos, se conferia à negociação colectiva a possibilidade explícita de adesão individual a contratos em vigor de trabalhadores não sindicalizados, podia legitimamente questionar-se se este não seria igualmente um factor capaz de tolher as capacidades de resposta dos sindicatos. Será possível compaginar uma confiança individual em contratos colectivos e ao mesmo tempo instigar uma desconfiança colectiva nos agentes com vocação histórica para os negociar?

Ou seja, os sindicatos estão a receber sinais do exterior que também não ajudam à sua regeneração. Isto é, se por um lado, eles não se renovam, por outro nem sempre recebem impulsos positivos externos favoráveis a essa renovação. Quanto se trata de avaliar, por exemplo, a expressão (dimensão) de uma manifestação convocada pelas estruturas sindicais nem sempre se lhe dará o devido relevo, inclusive nos órgãos de comunicação social, o que levará a questionar se efectivamente os sindicatos dispõem de uma "boa imprensa". Mas esta situação é também provavelmente demonstrativa do esforço que, internamente, os sindicatos devem fazer para dinamizarem as formas de comunicação com o exterior.

A terceira questão (que influência efectiva têm os sindicatos na sociedade?) é talvez aquela que reclama uma resposta mais imediata ou, pelo menos, é aquela que "sinaliza" a existência de resultados concretos induzidos pela acção sindical. Como referi acima, esta questão está intimamente ligada com as anteriores e parece constituir um teste a duas das formas de poder dos sindicatos[23]: por um lado (e ou não fossem os sindicatos o principal movimento social saído da sociedade capitalista industrial do século XIX), é inevitável falar de um poder de *mobilização* nos espaços públicos, isto é, um poder que reúne esforços, congrega interesses, reforça a dimensão associativa dos sindicatos e a precipita contra as decisões e posições de empregadores e governos. Em Portugal, esta forma de poder (ou que, na verdade, é mais de contra-poder e de afirmação da classe, na linha das "teorias da *classe*" analisadas na segunda secção deste capítulo) realça de forma mais evidente a dimensão conflitual da actividade sindical e tem estado na ordem do dia no final da primeira década do século XXI[24], não obstante as estatísticas das greves (outro indicador da conflitualidade

---

[23] Para uma discussão das fontes de poder sindical e seu questionamento na actualidade, cf. Visser (1995), Costa (2005: 126-130), entre outros.

[24] A manifestação convocada pela CGTP contra a política económica do governo em 18.11.2007 (no quadro da cimeira europeia de chefes de governo da UE, realizada por ocasião da presidência portuguesa da UE) e que reuniu 200.000 pessoas; a manifestação de 300.000 pessoas que, em 29.05.2010 protestou contra as medidas de austeridade económica decididas pelo governo; ou ainda, na mesma linha, a greve geral de 24.11.2010 convocada conjuntamente pela CGTP e pela UGT e que apresentou níveis de adesão bastante elevados (mais de 3.000.000 de trabalhadores segundo as centrais sindicais), muito em especial no sector dos transportes, saúde, edução e administração pública, são apenas alguns exemplos.

laboral) disponíveis no Ministério do Trabalho e da Solidariedade Social (mas que em Março de 2011 apenas disponibilizavam dados até Dezembro de 2007) apontarem para uma tendência decrescente no número de greves realizadas em Portugal (GEP, 2009). Por outro lado, em paralelo ou complemento ao poder de mobilização, o poder *institucional* confere aos sindicatos, através da consulta, negociação e representação, espaços de afirmação na sociedade, na relação com as associações de empregadores e as instituições públicas.

Sucede, porém, que no caso português este poder institucional nunca foi verdadeiramente forte (não obstante a existência, ainda que tardia face ao resto da Europa, de instituições de concertação social no nosso país) e sê-lo-á provavelmente menos ainda em contextos de crise económica. Como referi acima, a expressão da população organizada em sindicatos próximo dos 17% não retira legitimidade às organizações sindicais para negociar e representar, mas pode levar a que se questione a sua esfera de alcance. Por sua vez, o poder de mobilização sindical, mesmo quando existe, parece ser difícil de contabilizar ou de permitir a identificação de resultados concretos. Com salienta João Freire, é considerável a percentagem dos portugueses (53%) que não vêem eficácia na acção dos sindicatos.

Tanto a avaliação da *eficácia negocial* como da *eficácia conflitual* dos sindicatos nem sempre é fácil de fazer, tanto mais que tal avaliação depende de vários factores: capacidade representativa, organizativa e persuasiva dos sindicatos, "boa vontade" e mentalidade dos dirigentes empresariais, situação económica de um país, abertura política dos governos, legislação laboral, condições do mercado de trabalho, etc. Quando a negociação de consensos mínimos entre parceiros sociais falha e as pretensões sindicais não são atendidas a dimensão conflitual pode ser o passo seguinte. Aliás, em teoria, o poder de mobilização sindical é "activado" quando o poder negocial é "desactivado". Ainda assim, ambas as formas de poder não podem ser dissociadas e depois de um processo de contestação poder voltar-se a um processo negociação, sobretudo se a expressão concreta de uma mobilização, greve ou forma de protesto levar o sistema político a repensar as suas posições. Quando se têm em mente os resultados associados a formas de luta sindical (greves, manifestações, acções protesto, boicotes, etc.) nem sempre vislumbramos os seus resultados mais imediatos. A medição dos impactos de uma greve, por exemplo, esbarra quase que invariavelmente na oposição entre argumentos técnicos (quantitativos) e argumentos políticos (ideológicos), sendo mesmo recorrente a "guerra dos números" (expressão quantitativa do fenómeno) ultrapassada pela "guerra das posições" de sindicatos, patrões e governos.

Se aceitarmos que não há lutas inerentemente "más" (Costa, 2010: 24; Lousã, capítulo 8 deste livro), creio que os impactos de tais lutas podem ser de curto, médio ou mesmo longo prazo. Por exemplo, a greve geral de 24 de Novembro de 2010 convocada pela CGTP e UGT para denunciar as medidas de austeridade económica do governo de José Sócrates (traduzidas em cortes salariais, aumento de impostos, redução de prestações e subsídios sociais, etc.) teve desde logo como impacto imediato a adesão em si mesma (3 milhões de trabalhadores segundo as centrais sindicais, apesar de o governo apontar valores bem mais baixos), facto que, de resto, confirmou que a ideia de que a liberdade para protestar, denunciar e exercitar o direito à indignação não pode esperar pelo longo ou mesmo médio prazo. Além disso, mesmo que não se tenha assistido (com, aliás, era expectável) a um recuar imediato do governo nas medidas tomadas, houve pelo menos um reconhecimento político por parte deste (na figura da Ministra do Trabalho, Maria Helena André) de que se tornava crucial voltar à negociação em sede de concertação social.

Por outro lado, quando olhamos para o impacto das lutas no médio prazo, podemos dar o exemplo da luta dos professores do ensino básico e secundário que em 2008 lutaram pela revogação do sistema de avaliação nos termos propostos por Maria de Lurdes Rodrigues (então Ministra da Educação) aos professores. Mesmo sabendo que o sector da educação continua longe de ver os seus problemas resolvidos, aquela primeira proposta da tutela aos professores levou, depois de lutas e formas de negociação, não só a um recuo no formato do modelo de avaliação, como posteriormente a uma substituição da própria Ministra e mesmo (já em Março de 2011) a uma suspensão do modelo de avaliação de professores em sede de Assembleia da República. Por fim, no impacto de longo prazo, o mesmo se poderia dizer com as lutas dos polícias, que depois da célebre manifestação dos "secos e molhados", de 1989, viram reconhecido, 20 anos depois, o direito à constituição de associações pró-sindicais.

Os sindicatos terão, pois, de continuar a procurar reforçar a sua efectiva influência na sociedade de modo a recuperarem mais adeptos para as suas causas dentro e sobretudo fora do movimento sindical. Deverão fazê-lo, quer realizando acções conjuntas entre estruturas sindicais (como foi a aliança entre centrais sindicais tornada possível pela greve geral de 24.11.2010), quer abrindo-se aos problemas mais vastos sentidos pela população portuguesa (como a precariedade e o desemprego), fomentando para o efeito alianças duradouras com as organizações que já existem no terreno (como os Precários Inflexíveis e o FERVE, por exemplo), quer dinamizando campanhas de sensibilização via internet com o intuito de captar mais adeptos. Só desse modo, dinamizando processos de mudança interna, se poderá reforçar a confiança nos sindicatos e, consequentemente, avaliar melhor a sua influência na sociedade.

CAPÍTULO 2
TRABALHO, SINDICALISMO E ACÇÃO COLECTIVA:
DESAFIOS NO CONTEXTO DE CRISE[*]

Elísio Estanque (Centro de Estudos Sociais,
Faculdade de Economia da Universidade de Coimbra)

Numa época de crise internacional que atinge todos os cantos do mundo é fundamental que nos questionemos sobre os seus impactos, em especial em sectores como o do trabalho, aquele que mais se impôs como a infraestrutura fundamental do sistema social e político das sociedades industriais. Importa, todavia, começar com duas notas prévias: a primeira, é que o presente texto não se destina a discutir a crise, antes situa um conjunto de aspectos relacionados com as transformações ocorridas nas ultimas décadas, em especial no que toca às grandes mutações socioeconómicas e sua incidência nas relações de trabalho e nos processos produtivos; a segunda refere-se à necessidade de relativizar a tendência para direccionar ou discutir todos os assuntos em torno da "crise", já que tal atitude pode provocar distorções de índole diversa, inclusive perder de vista a complexidade de factores que se foram acumulando, e os efeitos colaterais que foram gerando, antes ainda de entrarmos na "crise" propriamente dita ou de ela atingir o seu ponto culminante (que ainda ninguém sabe quando surgirá nem quais os seus contornos).

Importa, pois, evitar conceber a crise como se fosse a causa e, ao mesmo tempo, a consequência de tudo aquilo que vem ocorrendo no mundo, no último ano. O presente texto procura, portanto, apresentar um conjunto de reflexões em torno do campo do trabalho e do sindicalismo, não se limitando a tratar o mais recente período, mas tentando recuperar algumas das principais tendências dos tempos recentes no contexto da economia global deste início de século. Para além de uma reflexão sobre a questão laboral e social a nível geral, procurei também apresentar alguns dos traços específicos da sociedade portuguesa, mostrando algumas das suas vulnerabilidades particulares, remetendo para a história recente do país e para as dificuldades que enfrenta na aproximação aos padrões europeus. O texto termina com uma breve reflexão

---

[*] O presente texto foi anteriormente publicado, sob o título "Trabalho e sindicalismo – os impactos da crise", na Revista *Finisterra*, volume 65/66, 2009 (pp. 135-150).

sobre o sindicalismo e os desafios com que ele se debate, tanto no contexto de crise como no período precedente. Se o diagnóstico que se pode fazer ao caso português, acerca destes problemas, não se circunscreve à realidade presente (de resto, como se diz correntemente entre historiadores e cientistas sociais, a única coisa que podemos conhecer é o passado) ele procura captá-la esforçando-se por iluminá-la com base em traços estruturais que só podem conhecer-se escavando no passado.

Crise, globalização e fragmentação do trabalho
Como se sabe, a noção de "crise" pode encerrar em si mesma uma enorme variedade de significados e, no caso vertente – em que se pensa sobretudo nas tendências negativas na esfera financeira, económica e no emprego –, ela recobre todo um leque de realidades bem diferentes, muitas das quais já bastante antigas. Por outro lado, a própria crise económica foi suscitada por um conjunto complexo de factores sociais, uns mais estruturais outros mais contingentes. Diversas instâncias políticas e interesses económicos desencadearam, desde há cerca de trinta anos, um programa de iniciativas que significou uma aposta sem precedentes no comércio livre, na especulação bolsista, nas *offshores* e na economia financeira, os factores que serviriam de barómetro ao crescimento económico. Os mercados assegurariam um crescimento ilimitado e, portanto, quanto menos regulação e intervenção estatal, tanto melhor.

Estas foram algumas das grandes opções que se tornaram decisivas na erupção da actual crise. Alguns dos seus mentores teóricos mais importantes, como Alan Greenspan, fizeram *mea culpa*. Mas, foram os Estados e as economias mais ricas do mundo, fortemente apoiadas pelos mercados internacionais e pelas novas tecnologias da informação e comunicação, que impuseram como regra a abertura total das fronteiras ao comércio mundial, a competitividade deixada ao sabor do mercado, etc., envolvendo tudo isso na conhecida retórica neoliberal, que prometia um mundo de oportunidades para os mais competentes e uma "nova economia" capaz de assegurar o bem-estar, senão de todos, pelo menos daqueles – países, economias e indivíduos – que decidissem guiar-se pela aposta nas qualificações, na inovação e na competição. A bondade do mercado global parecia garantir o sucesso.

Apesar da polissemia que a noção de globalização encerra – e muito embora se tenha percebido que, afinal, o comércio global é já uma velha história de que existem marcas indeléveis há mais de cinco séculos –, a viragem que ocorreu há cerca de três décadas, suscitou uma fantástica multiplicação das transacções e fluxos, de pessoas, bens e serviços de todos os tipos, dando lugar a profundas transformações tanto no plano prático como no plano teórico e conceptual. Com a massificação da industria turística e a democratização dos transportes aéreos, o mundo ficou mais pequeno e passou a ser olhado sob novas perspectivas. As velhas noções de modernidade, desenvolvimento e progresso deram lugar à ideia de pós-modernidade, de imprevisibilidade e de incerteza quanto ao sentido da história e da mudança social. A intensificação das trocas comerciais na escala transnacional, com a ajuda da revolução informática, tecnológica e comunicacional, aceleraram e multiplicaram os processos de mercantilização da vida e das sociedades, ao mesmo tempo que os estados e as economias nacionais perderam parte da sua antiga soberania e autonomia.

Porém, ao contrário da retórica liberal e tecnocrática de muitos teóricos e *experts*, o novo liberalismo que avassalou o mundo desde os anos oitenta, não só não atenuou os problemas humanos e os riscos sociais como os agravou drasticamente. É verdade que as oportunidades de negócio e as vantagens lucrativas se mostraram fantásticas para uma ínfima minoria – sobretudo dos que já eram ricos e poderosos –, mas em contrapartida a larga maioria das populações e das classes trabalhadoras, incluindo amplos sectores da classe média, vêm-se debatendo com o agravamento das suas condições de vida e de trabalho. Hoje, muitos constatam a intensificação das desigualdades e injustiças sociais, e mesmo aqueles que mais activamente glorificaram o mercado livre e as infinitas potencialidades da economia financeira, viram-se agora para o Estado pedindo auxílio.

O campo laboral é sem dúvida aquele em que os impactos desestruturadores da globalização tem sido mais problemático. As consequências disso mostram-se devastadoras para milhões de trabalhadores de diversos continentes. E o caso particular da Europa é aquele em que as alterações em curso representam um flagrante retrocesso em face das conquistas alcançadas desde o século XIX, com o decisivo contributo do movimento operário e do sindicalismo. Porque a Europa é justamente a região "referência" e o berço da civilização Ocidental, é necessário pensar em toda a sua tradição humanista e emancipatória, lembrar que está aqui a génese das principais doutrinas progressistas, revoluções e movimentos sociais. O projecto da modernidade e a democracia política, assentaram em promessas de grande potencial utópico, rumo a uma sociedade mais justa e igualitária. Porém, os velhos lemas do iluminismo – Liberdade, Igualdade e Fraternidade – foram nas últimas décadas secundarizados, se não mesmo desprezados ostensivamente, no discurso institucional de governantes e dirigentes (inclusive de correntes como a social-democracia, cuja história e referências éticas e doutrinárias se inscrevem em projectos e ideologias desse teor). Os efeitos da globalização têm vindo a induzir novas formas de trabalho cada vez mais desreguladas, num quadro social marcado pela flexibilidade, subcontratação, desemprego, individualização e precariedade da força de trabalho. Assistiu-se a uma progressiva redução de direitos laborais e sociais, e ao aumento da insegurança e do risco, num processo que se vem revelando devastador para a classe trabalhadora e para o sindicalismo desde os finais do século XX (Castells, 1999; Beck, 2000).

As convulsões que o mundo do trabalho tem vindo a sofrer e o crescente ataque ao direito laboral inserem-se, de facto, num contexto mais amplo e obedecem a poderosos interesses económicos e políticos ditados pelas instâncias internacionais que, no fundo, governam o mundo (BM, OCDE, FMI, etc.) e se impuseram também na Europa, obrigando-a a abdicar em larga medida do seu património social, humanista e civilizacional. Muito embora tenhamos de reconhecer que o velho Estado social perdeu sustentabilidade à medida que se verificaram quer o abrandamento económico quer a quebra de crescimento demográfico nos países europeus, não pode aceitar-se – pelo menos de um ponto de vista da esquerda – que a contenção da despesa pública e o controlo orçamental sirvam de justificação para toda esta inversão (ou, dir-se-ia, reconversão...) da velha social-democracia num modelo cuja viabilidade só é pensada no pressuposto de uma inevitável cedência ao neoliberalismo. Menos ainda se pode ficar indiferente quando governos apoiados por partidos socialistas revelam uma total insensibilidade perante o aumento das injustiças e os ataques cada vez mais intensos ao direito do trabalho e à dignidade do trabalhador.

A realidade laboral dos últimos tempos voltou a dar actualidade a visões críticas do capitalismo até há pouco julgadas ultrapassadas. Karl Marx e a sua obra maior, "O Capital", voltou a suscitar as atenções do mundo, quer por parte de académicos quer da opinião pública em geral. Mas, se o pensamento marxista parece ganhar nova actualidade não é porque se pretenda recuperar a ortodoxia leninista ou reincidir em modelos comprovadamente falidos, como o soviético. É sim porque o mercado desregulado, a intensificação da exploração – sob velhas ou novas formas – e todo o conjunto de problemas socioeconómicos que a actual crise veio agudizar comprovaram a falência do paradigma neoliberal e requerem, por isso, que se repensem os modelos de mercado que guiaram a economia mundial nos últimos tampos.

Em especial no campo do emprego temos assistido a um efeito de pêndulo, em que cada vez menos trabalhadores se encontram numa situação de emprego seguro, estável e com direitos, enquanto existem cada vez mais pessoas desempregadas que se debatem com o iminente risco de pobreza e exclusão. Como os vagabundos do século XVIII europeu ou os chamados *malteses* alentejanos de meados do século XX, esta gente vê negados os mais elementares direitos. São atirados para o mundo em busca desesperada de subsistência e obrigados a aceitar quaisquer condições de trabalho e a entregarem-se à vontade gananciosa de patrões sem escrúpulos. Excluídos, de facto, do estatuto de cidadania são por vezes os próprios que negam a si mesmos o direito de procurar um trabalho digno, aceitando ser tratados como sub-humanos ou como os novos escravos da economia global do século XXI.

Os processos recentes de fragmentação e precarização das relações e formas de trabalho atingiram o conjunto das classes trabalhadoras e pulverizaram as próprias estruturas contratuais e organizacionais do sistema produtivo. Perante o triunfo do neoliberalismo económico e o acentuar de novas formas de opressão e exploração, alguns dos velhos conceitos e dicotomias de Marx, tais como as divisões entre capital fixo/ capital circulante; trabalho vivo/ trabalho morto; trabalho material/ trabalho imaterial; actividades produtivas/ improdutivas, são hoje reconceptualizadas à luz da nova dinâmica do capitalismo global.

Na verdade, as actuais tendências permitem mostrar como aquelas divisões estão a ser reconvertidas e se imbricam hoje dialecticamente umas nas outras, com isso contribuindo para intensificar e expandir novas formas de "estranhamento" e "alienação" das classes trabalhadoras e dos novos segmentos precarizados e em perda. Porém, o trabalho, em vez de desaparecer e se diluir para dar lugar ao lazer e ao consumo, ganha nova centralidade ao mesmo tempo que se combina sob diferentes lógicas e formas mais instáveis (metamorfoseia-se) e em muitos casos mais penosas para quem tem de viver de qualquer trabalho. Tornou-se clara a versatilidade, a instabilidade e a multiplicidade de formas e de sentidos que envolvem o trabalho e os seus mundos no início do século XXI. Muito embora se tenha esbatido enquanto potência criadora e espaço de consolidação de "subjectividades de classe" dirigidas para a acção transformadora (Castells, Méda, Gorz, Rifkin, Schnapper), o trabalho, material e imaterial, permanece como o módulo central no processo de acumulação capitalista (Antunes, 2006).

O flagelo do desemprego, associado a um "individualismo negativo" (Castel, 1998), que se assemelha a fenómenos que ocorreram na Europa do século XVIII, resultante desta precariedade – geradora das mais diversas formas de dependência, insegurança, resignação e medo – permite todo o tipo de prepotências e abusos. No actual panorama, já não são os direitos laborais que se pretende defender, mas, do ponto de vista de milhões de assalariados, tão só o emprego a todo o custo, pois "o pior dos empregos é sempre preferível ao desemprego", o que traduz bem a debilidade em que se encontra hoje o trabalhador. Desmantelou-se o velho compromisso capital-trabalho e a concertação social – a negociação "tripartit" –, essa velha conquista do fordismo e do Estado providência europeu, tornou-se nos últimos tempos uma mera figura de retórica em que já nem as forças políticas herdeiras da social democracia parecem acreditar, sobretudo quando alcançam o poder.

A sociedade portuguesa no contexto europeu
A este respeito convém ter presente alguns dos traços particulares da sociedade portuguesa. Portugal é, como todos reconhecemos, um país periférico da Europa, cujas dificuldades se devem a um tardio e incipiente desenvolvimento industrial, bem como a um processo de democratização também ele recente e repleto de contradições. Com a instauração da democracia em 1974, consolidaram-se as classes trabalhadoras vinculadas à indústria e os sectores da nova classe média assalariada (sector administrativo, saúde, educação, poder local e funcionalismo público em geral) cresceram rapidamente – apesar de no seu conjunto a classe média portuguesa ter permanecido débil – sob o impulso de um Estado providência em rápido crescimento, apesar de ele próprio ser fraco. Aliás, convém lembrar que Portugal começou a construir o seu Estado social numa altura em que já estavam a emergir os sinais de crise desse modelo na Europa, ou seja, tentou-se apanhar um comboio em andamento quando ele já estava a atingir o fim da viagem.

Daí que as transformações sociais desencadeadas com o 25 de Abril de 1974 – e de certo modo consignadas na constituição "socialista" de 1976 –, sendo sem dúvida profundas em muitos aspectos, nunca deixaram de evidenciar os contrastes que persistiam e persistem na sociedade portuguesa. A modernização das infraestruturas, em especial após a adesão à UE, em 1986, trouxe progressos inquestionáveis, mas no plano social, persistiram as dificuldades, injustiças e bloqueios. Muito embora os trabalhadores e a "classe baixa" em geral tenham melhorado substancialmente as suas condições de vida, em comparação com a miséria em que viviam há 30 ou 40 anos, o certo é que as elites – em especial as novas elites privilegiados ligadas à indústria e ao comércio – subiram muito rapidamente, distanciando-se dos níveis de vida da classe média e dos trabalhadores manuais. A "classe média" cresceu até finais do século, em boa medida à sombra do crescimento do Estado, como se disse, mas ao mesmo tempo permaneceu instável e internamente muito diferenciada.

Pode até dizer-se que a classe média portuguesa foi mais importante pelo seu papel enquanto referência simbólica no imaginário colectivo, do que por ser um segmento social consistente e dotado de índices elevados de bem-estar. Foi sobretudo resultado de uma rápida concentração urbana e da facilitação do crédito, aspectos decisivos para que estes sectores recém urbanizados começassem a estruturar padrões de vida subjectivamente projectados numa imaginária "classe média", ou, por outras palavras, numa categoria supostamente "distintiva" e "superior" por comparação com os grupos de referência originários, isto é, os que remetiam para um mundo rural e pobre, que se pretendia ver ultrapassado. Assim, como alguns estudos mostraram (Estanque, 2003; Cabral, 2003), uma parte significativa da própria classe trabalhadora manual, incluindo alguns dos seus segmentos mais precarizados, via-se a si própria como pertencendo à "classe média".

Ora, se o consumismo desenfreado e as expectativas de mobilidade ascendente puderam alimentar tais ilusões durante algum tempo, com a entrada no novo milénio e sobretudo perante o reforço da competitividade global, a contenção de custos, as pressões para a flexibilização e privatização (mesmo nos sectores onde o emprego se mantinha relativamente seguro), deram início a uma profunda mudança na esfera do emprego, com isso evidenciando, uma vez mais, o carácter persistente e estrutural das nossas debilidades. Ressurgem problemas que era suposto terem sido resolvidos há décadas, como sejam a pobreza, a falta de qualificação de trabalhadores e empresários, as elevadas taxas de abandono escolar, o fenómeno dos recibos verdes (inclusive os falsos), o crescimento brutal das desigualdades sociais, o aumento do desemprego e da pobreza, as desigualdades de género e um rápido aumento das situações de precariedade no trabalho, que atingem em especial os sectores mais jovens (incluindo os mais escolarizados).

Temos, portanto, sobre os nossos ombros um passado recente marcado por inúmeros contrastes, e é neles que porventura repousam as causas mais decisivas do nosso atraso estrutural. A cultura tradicional do país e a escassa qualificação dos agentes económicos (empresários e trabalhadores) espelham ainda os atributos de uma sociedade subdesenvolvida, amarrada a mentalidades atávicas e paroquiais, aqui e ali deixando ainda transparecer alguns resquícios de feudalismo e de salazarismo. Prevalecem os modelos de gestão de cariz despótico, lado a lado com dependências e tutelas de todos os tipos que se adaptam de modo perverso à vida moderna, corroendo o funcionamento das empresas e instituições e travando as potencialidades de modernização económica e de aprofundamento democrático.

Mantêm-se ou intensificam-se os velhos dualismos, tais como a divisão entre o interior e o litoral ou entre o rural e o urbano, muito embora tais divisões mantenham entre si fortes contaminações recíprocas. Essas antigas contradições continuam a persistir, embora se adaptem aos tempos actuais. Os sectores protegidos do emprego tornam-se cada vez mais raros, enquanto o emprego precário subiu acima dos 20% (22% em 2007 para os trabalhadores com menos de 35 anos) e nas camadas mais jovens atinge cerca do dobro, o que, por sua vez, exprime a contradição geracional entre uma juventude mais qualificada, mas também mais precária, e as condições de trabalho dos seus país ou avós. O discurso da privatização foi durante décadas elevado ao estatuto de único garante da competitividade, e, ao abrigo desse discurso – erigido em pensamento único por parte do poder – desencadearam-se diversas reformas nos serviços públicos em diversas áreas como a saúde, o funcionalismo público, a educação e outras, justificando-se tais mudanças com base num suposto privilégio dos trabalhadores e funcionários da administração pública por contraste com os do sector privado, servindo este argumento uma clara estratégia de nivelamento por baixo.

Porém, quer a capacidade de realizar as reformas, quer as possibilidades de lhes resistir, bem como a razoabilidade com que as mesmas são concebidas e levadas a cabo, são parte de processos mais complexos, que só poderemos interpretar se forem devidamente situados no seu contexto e na própria história. E é justamente a essa luz que as propostas legislativas de alteração do sistema de relações laborais, para terem sucesso, deveriam começar por diagnosticar a realidade que temos, não com base em assumpções ou juízos de índole ideológica, mas tendo presente o contexto onde nos inserimos e o património sociocultural que herdámos do passado. Sem considerarmos a história e o significado das lutas sociais dos trabalhadores europeus ao longo dos últimos 150 ou 200 anos, jamais compreenderemos a diferença entre o modelo social europeu e o mercantilismo individualista dos países anglo-saxónicos. Se houve efectivamente progressos fundamentais na Europa ao longo de todo este tempo, eles devem-se essencialmente às capacidade de organização e de luta colectiva da classe trabalhadora e do movimento operário nos países industrializados. Esse é, de resto, um património que é reivindicado por toda a esquerda, desde a social-democracia ao movimento comunista.

Se hoje temos mecanismos de regulação dos conflitos e uma ordem jurídica que privilegia o diálogo e a concertação entre os diferentes parceiros e classes sociais foi à custa de grandes sacrifícios e lutas do movimento operário. Nesse sentido, o direito do trabalho foi (e é) um instrumento decisivo ao serviço dos trabalhadores destinado a reequilibrar as relações sociais capital e trabalho, que são, como se sabe, estruturalmente assimétricas. No entanto, apesar dos avanços alcançados, em muitos países persistiram ao longo dos tempos inúmeras formas de trabalho fora de qualquer protecção jurídica, e a erosão dos direitos sociais e económicos dos trabalhadores suplantou largamente a força da lei. Ainda hoje assim é, em diversas regiões do mundo, como é sabido.

Sendo expressão das relações políticas numa sociedade, a ordem jurídica funcionou ao longo da história como meio de legitimação de relações de poder fortemente desequilibradas, em geral impondo uma força de trabalho submissa e destituída dos direitos mais elementares, sem um salário digno, sem protecção social e sem acesso aos direitos humanos mais elementares. No entanto, a transformação histórica teve resultados fantásticos de sentido emancipatório, em particular nos países mais avançados. O direito do trabalho triunfou nos países europeus e é uma bandeira fundamental para trabalhadores dos mais diversos continentes, justamente porque representa uma poderosa arma ao serviço das classes desaposadas, defendida, desde sempre, pelo movimento sindical internacional e veiculada por organizações internacionais como a OIT, que tem prestado um inestimável contributo na defesa dos direitos humanos no trabalho, em todos os continentes. É precisamente à luz deste património histórico, de que a Europa é um palco privilegiado, que as mudanças impostas pelos poderes dominantes nesta matéria – no sentido de uma flexibilidade ditada pela concorrência desregrada, pelos requisitos do mercado global e pelas exigências do grande capital – correm o risco de representar uma regressão inaceitável para os trabalhadores europeus.

Portugal, com todas as suas especificidades, insere-se justamente nesse quadro. E é por isso que as alterações que o novo Código do Trabalho vem introduzir são, em variadas matérias (ou melhor, nos seus aspectos mais decisivos), motivo de grande apreensão para quem assuma a defesa da classe trabalhadora enquanto vítima da exploração capitalista (cerca de 140 anos após a 1ª edição do livro 1 de *O Capital*) e de outras formas de opressão e de injustiça social. Acresce que as condições de subdesenvolvimento já referidas colocam a sociedade portuguesa – e a sua força de trabalho assalariada – numa situação de especial vulnerabilidade, visto que estamos longe de cumprir plenamente com os direitos de cidadania. Como muitos de nós temos apontado repetidamente, existem medos incrustados nas instituições, que impedem o fortalecimento da esfera pública e tendem a inibir qualquer acção reivindicativa no campo profissional, onde imperam os constrangimentos e a mentalidade autoritária de empresários e chefias. A presença de culturas autocráticas, de tutelas e compadrões dos mais diversos tipos onde deveriam prevalecer a transparência, as estratégias de gestão e lideranças democráticas, constituem ingredientes que corroem as nossas instituições e desmotivam qualquer trabalhador dedicado. Em vez do mérito e da iniciativa individual prevalecem as posturas e atitudes de bajulação e resignação perante a autoridade; em vez do ambiente de exigência e de estímulo à criatividade e à co-responsabilização (individual e colectiva) cultiva-se o seguidismo e a mediocridade; em vez de cidadãos livres e autónomos promove-se o oportunismo e a delação. Tudo isto é o contrário de uma sociedade democrática avançada. Tudo isto se opõe aos valores do socialismo democrático. E a tudo isto é possível fazer frente. A questão está em saber se os governos e a classe dirigente pretendem inverter esse rumo ou contribuir para que ele se torne irreversível e nos empurre de novo para o abismo.

Ora, perante este panorama – e como diversos estudos internacionais têm mostrado –, a questão da estabilidade e da segurança no emprego constitui o principal motivo de preocupação dos trabalhadores. Encontrar um primeiro emprego é a primeira das prioridades dos estudantes do ensino superior (Estanque e Bebiano, 2007).

Hoje, é-se "jovem" até muito além dos 30, porque muitos ficam dependentes da família até muito tarde, mas é-se por vezes considerado "velho" quando, trabalhadores desempregados, com quarenta e poucos anos, são preteridos devido à idade. A perda do emprego é a principal ansiedade face à qual muitas outras exigências, mesmos as mais evidentes, podem ser sacrificadas. Existem empresas, nos EUA e na Europa, que estabelecem um salário máximo, pedindo aos candidatos a um posto de trabalho que indiquem quanto "pretendem" ganhar, até esse nível máximo (por exemplo, 8 euros por hora) o que tem como consequência o constante baixar do nível do salário indicado pelos pretendentes ao emprego (os que indicam 4 euros ou menos serão naturalmente os preferidos). É a lógica da auto-negação da dignidade produzida pelo espectro do desemprego e da miséria. O clima de angústia que o actual cenário de crise tem vindo a acentuar só vem contribuir para que tais sintomas "patológicos" se tornem ainda mais dramáticos do que até agora temos conhecido.

Porém, quando o trabalhador (ou o cidadão) é sistematicamente reprimido e impedido de manifestar a sua vontade ou de exigir o cumprimento de direitos, o que acontece é o aumento do descontentamento e da contrariedade no trabalho e na sociedade. Daí resulta então uma de duas coisas: ou se acentua a resignação e o medo, ou aumenta a crispação e o sentimento de revolta. Este ambiente, agravado com as múltiplas formas de recomposição, desmembramento, flexibilidade, deslocalização e encerramento de empresas, precariedade do trabalho, fragmentação dos processos produtivos, etc., tem conduzido a classe trabalhadora a uma cultura de impotência e de conformismo. Uma "classe" cada vez mais heterogénea e frágil que se depara com tremendas dificuldades em agir colectivamente. Há muito que as identidades de classe perderam fulgor em favor de outras identidades rivais e de outras formas de acção colectiva (e de inacção), num processo que se acentuou enormemente com o colapso do regime soviético e, no caso português, após a saturação da linguagem marxista e "de classe" de que se usou e abusou no período do PREC. Perante o refluxo da acção colectiva e do discurso ideológico, os sindicatos perderam força e capacidade de organização e de mobilização, nomeadamente junto dos segmentos mais fragilizados e mais jovens da força de trabalho. Para além de um contexto social e político pouco favorável à participação colectiva e associativa – e sem esquecer as próprias dificuldades de renovação do sindicalismo (Estanque, 2008) –, o reforço do poder patronal e a retirada de condições favoráveis à acção sindical vêm agravar ainda mais essas tendências.

Sindicalismo e acção colectiva
Nesta discussão, torna-se incontornável equacionar a questão sindical. Se nos despirmos de juízos de valor, e sobretudo se formos capazes de evitar a tendência de valorar os sindicatos entres os "bons" e os "maus" (uns com quem, supostamente, se pode dialogar e os outros, ditos conservadores ou "ao serviço de..."), seremos levados a perceber o papel social e transformador do sindicalismo (e tanto a contestação como a negociação são vias igualmente válidas no plano social) e talvez então se possa aceitar que o sindicalismo combativo e de movimento é aquele que maior contributo deu e pode dar à sociedade e ao progresso. É sobretudo em períodos de crise e de dificuldades para as classes trabalhadoras que ocorrem as grandes viragens históricas, normalmente acompanhadas de novos movimentos e da emergência de novas lideranças. Na Inglaterra do século XIX e noutros contextos mais recentes – de que pode ser exemplo o 25 de Abril de 1974 –, a mobilização popular não se deveu apenas a motivações políticas e económicas (nem a causas racionais, da ordem da "consciência" ou dos "interesses"), mas também, talvez sobretudo, a factores culturais e identitários. A identidade precede os interesses. Mas estes, quando fundados em fortes carências e necessidades básicas por satisfazer, podem produzir rebeliões radicais e de massas, ainda que não sejam orientadas por nenhuma motivação política.

A classe trabalhadora deixou há muito de ser homogénea, mas o alastrar da precariedade e do trabalho sem estatuto e sem dignidade pode conduzir a novas homogeneizações, que, embora de base transclassista, sejam capazes de se unificarem na defesa de uma identidade agredida e ofendida nos locais de trabalho. Mesmo a participação, a solidariedade e a partilha colectiva da indignação podem recuperar um certo sentido de recompensa simbólica, estimulando o desejo de reconstrução comunitária, quer este seja virado para um passado nostálgico e em nome das "raízes" (por exemplo, o nacionalismo ou o bairrismo), quer se projecte num qualquer futuro promissor e "emancipatório", por exemplo, o socialismo (Tilly, 1978; Morris, 1996).

Tomados por muitos como factores de bloqueio ao crescimento económico e ao desenvolvimento, os sindicatos queixam-se, com razão, de que em diversas regiões do mundo as formas de trabalho parecem ter regressado aos tempos "satânicos" de Marx. Mas, apesar da mítica classe operária estar em desagregação, não surge no horizonte nenhuma outra entidade capaz de congregar a unidade dos assalariados. As actuais pressões do mercado e da economia global deixam aos sindicatos uma margem de manobra cada vez mais estreita, mas por outro lado o esforço de actualização por parte das estruturas sindicais tem sido diminuto e insuficiente para responder aos problemas da actualidade. Sobra então espaço para novos actores e movimentos.

Nas últimas décadas, enquanto a economia e os mercados deixaram de estar confinados a fronteiras, o movimento sindical revelou enormes dificuldades em agir para lá do âmbito nacional (e muitas vezes sectorial). A globalização revelou-se contraditória e gerou múltiplos efeitos paradoxais, nomeadamente ondas sucessivas de protestos juvenis e movimentos sociais que se reclamaram de "alter-globalização". Desde a cimeira da OMC em Seatle, em 1999, passando pelos encontros do Fórum Social Mundial, em Porto Alegre e noutras cidades, este activismo – largamente apoiado pelas redes virtuais do ciberespaço – revelaram novas e inovadoras formas de denúncia e de intervenção pública, que até agora têm marcado as formas de activismo global do século XXI. As mais recentes ondas de contestação juvenis (França, Grécia, Catalunha), invocam por vezes o Maio de 68, até porque são igualmente activadas por condições de emergência semelhantes, em que os grupos e as comunidades de jovens se afirmam mobilizando-se contra um opositor, ou um "inimigo" identificado. Mas são fenómenos muito distintos. Enquanto naquela época era a consciência política e as auto-proclamadas "vanguardas" que assumiam a liderança da luta, agora a acção colectiva perdeu parte do seu conteúdo político. Dito de outro modo, continua em vigor o princípio da "válvula de escape", mas os seus efeitos são politicamente mais incertos. As ondas de protesto e o discurso de indignação que as acompanha, exacerbados por um poder (institucional, empresarial ou governamental) de cariz autoritário, podem ganhar um efeito mimético de proporções imprevisíveis, se para tal as condições sociais se tornarem propícias.

O actual contexto de crise, ao mesmo tempo que ameaça desfazer um conjunto de laços sociais, que até aqui garantiam a coesão mínima da sociedade, pode, precisamente porque o sistema social tem horror ao vazio, galvanizar de novo as multidões que se sentem ressentidas e desprotegidas. E o facto de o sindicalismo apenas timidamente se envolver neste tipo de iniciativas, até agora, não garante que elas continuem a ter pequena expressão. Até porque se o presente é fortemente marcado pela contingência, tanto pode acontecer que expressões de grupos minoritários (sejam eles os MayDay, os FERVE ou outros) se possam repentinamente alastrar (como sucedeu com o movimento Geração à Rasca), como a própria intensificação da pressão pode levar a que o sindicalismo radicalize o seu discurso e consiga mobilizar a massa de precários e desempregados que tem vindo a engrossar e ameaça expandir-se nos últimos anos.

Diversos autores e académicos têm formulado a necessidade de se criarem novas alianças e dinâmicas internacionalistas, como condição para revitalizar o sindicalismo perante o agravamento das desigualdades e injustiças sociais em todos os continentes, alegando que a mobilidade global – de capitais e de empresas funcionando em rede – exigem respostas sindicais também em rede e igualmente articuladas na escala transnacional (Waterman, 2002; Estanque, 2007). Ao contrário de outros países e regiões, como o Brasil e a América Latina, onde a cooperação entre as universidades, académicos e centros de pesquisa, de um lado, e os movimentos sociais e sindicais, de outro, são uma constante, em Portugal essa tradição praticamente não existe.

As novas redes e estruturas transnacionais de organização política são cada vez mais necessárias. Não apenas na União Europeia, onde as famílias políticas possuem ainda pouca eficácia e as próprias estruturas sindicais são incipientes. Para enfrentar os actuais desafios (que a crise apenas veio acelerar), o sindicalismo de hoje terá de se reinventar ou reestruturar profundamente. Um sindicalismo de movimento social global, orientado para a intervenção cidadã, terá de se estender para além da esfera laboral; terá de passar das solidariedades nacionais para as transnacionais, de dentro para fora, dos países avançados para os países pobres. Precisamos de um sindicalismo que não abdique da defesa dos valores democráticos, mas em que estes se alarguem à democracia participativa (nas empresas, escolas, cidades, comunidades, etc.); que coloque as questões ambientais e a defesa dos consumidores, dos saberes e tradições culturais locais no centro das suas lutas e negociações; que resista ao capitalismo destrutivo através de um maior controlo sobre o processo produtivo, os investimentos, a inovação tecnológica e as políticas de formação e qualificação profissional; que pense os problemas laborais no quadro mais vasto da sociedade, da cultura ao consumo, do trabalho ao lazer, da empresa à família, do local ao global (Estanque, 2004; Hyman, 2002).

Mas tudo isto pressupõe uma estratégia ambiciosa que rompa com a prática de acomodação ao funcionamento burocrático em que boa parte do sindicalismo de hoje se deixou enredar. Exige uma reflexão séria e uma atitude autocrítica e porventura mais humilde da parte das actuais lideranças sindicais, associativas e institucionais, em todos os domínios da nossa vida social.

Por exemplo, a extraordinária capacidade da *Internet* e do ciberespaço são um enorme potencial ainda subaproveitado. A facilidade para aceder à informação, para acumular e divulgar conhecimento em fracções de segundo, poderiam ser uma poderosa arma ao serviço do movimento sindical e da democracia em geral (Ribeiro, 2000; Waterman, 2002). O problema não reside, portanto, na tecnologia ou na sua ausência. O problema é que os atributos socioculturais que atrás enunciei – tão atreitos à nossa sociedade desde há séculos – se reflectem e reproduzem nos mais diversos meios e instâncias organizacionais, com isso inibindo uma maior transparência na gestão das instituições e travando, sem sabermos até onde, o processo de consolidação e aprofundamento democrático.

Em conclusão, a crise que nos surpreendeu a todos em finais de 2008 tem causas bem mais profundas e longínquas do que pode parecer. E o modo como sectores decisivos como o do emprego são ou não capazes de responder às dificuldades e problemas do presente, derivam em boa medida da capacidade que tenha de reconverter algumas das velhas pechas do nosso sistema produtivo em potencialidades de viragem. De viragem para outro paradigma. E isso depende muito dos agentes económicos em posições de liderança e da capacidade do próprio poder político aceitar o surgimento de novos protagonistas e novas posturas, limpas, com sentido ético, e animados pelo princípio da causa pública, em busca do bem-estar geral e da solidariedade para com os mais pobres e despojados.

PARTE II
O sindicalismo visto pelos sindicalistas

CAPÍTULO 3
PROBLEMAS E DESAFIOS NO SECTOR DOS TRANSPORTES

Eduardo Chagas (Federação Europeia dos Trabalhadores de Transportes)

Muito boas tardes. Tenho que começar por agradecer o convite. É a segunda vez que participo numa iniciativa aqui em Coimbra (a anterior foi no CES) e é-me pedido para trazer aqui a minha experiência sindical. É evidente que para mim, apesar de insistirem em chamar-me engenheiro (eu sou oficial da marinha mercante com experiência de trabalho no mar e, após isso, tenho estado no trabalho sindical), é sempre com algum receio que enfrento gente da academia, com outra visão dos assuntos, muito mais aprofundada certamente do que aquela que eu tenho. Se as experiências de que eu aqui falar puderem ajudar ao debate ou enriquecer em alguma medida o vosso trabalho, espero que isso seja possível e como na marinha mercante eu era telegrafista, tenho uma série de telegramas e espero que não ultrapasse "as duas horas" que me foram atribuídas para poder passá-los todos neste tempo. Eu tinha preparado também uma série de notas pensando que ia falar depois dos outros três oradores e, naturalmente, em termos da identificação dos problemas que os sindicatos enfrentam hoje, passo-os muito brevemente. Tem que ver, por um lado, com alguma perda de influência, que não se pode generalizar mas que é notada na maior parte dos sindicatos, tanto na relação com o patronato, como com o poder político e mesmo na sociedade em geral.

Eu devo dizer que, inicialmente, senti a falta da pergunta provocatória, se os sindicatos fazem falta? Ao dirigir-me a uma plateia variada, tenho que admitir que há pessoas que dizem: "mas vocês estão ultrapassados, os sindicatos já não fazem falta hoje". Num painel de sindicalistas, penso que a resposta que podem esperar, não é outra que não seja a de que nunca como hoje os sindicatos foram tão importantes e, eventualmente, nunca estiveram debaixo de tanta pressão como estão hoje.

Mas a perda de influência dos sindicatos tem que ver: com as transformações da sociedade; com as transformações políticas; com a redução, por exemplo, de um dos bastiões sindicais tradicionais que é o sector público; com processos de privatizações, de liberalização do acesso ao mercado, que também tem dado origem a substanciais perdas de postos de trabalho no sector público; com o aumento da precarização das relações laborais e aquilo a que alguns gostam de chamar de trabalho atípico; com a influência da globalização da economia, a cada vez maior intervenção das multinacionais em sectores chave da economia; e com uma realidade que toma dimensões cada vez mais preocupantes, como são os fundos de pensões e os fundos de investimento que representam um patronato sem rosto que está apenas presente só pelo dinheiro. Por exemplo, nós vemos que existem empresas que muitas vezes conhecemos pelo mesmo nome de sempre mas que hoje são controladas por fundos de investimento, por capitais estrangeiros, que não têm nada a ver com o perfil tradicional da empresa e, muitas vezes, dos sectores. Portanto, há políticas empresariais e estratégias empresariais que não têm nada que ver com o interesse do sector da empresa, têm sim que ver, cada vez mais, com a rentabilização imediata dos fundos que são investidos, muitas vezes apenas no curto prazo, nessas empresas. Evidentemente, as políticas neoliberais de governos neoliberais ou outros que assim não são chamados mas que, na prática, são políticas neoliberais que desenvolvem também, visam, entre outras coisas, enfraquecer o papel e a intervenção dos sindicatos, e a intervenção social, enfim...

Ao mesmo tempo, assiste-se também a um envelhecimento dos quadros sindicais, à não renovação das direcções sindicais. Encontramos dirigentes que estão acomodados no seu papel de dirigente. Muitas vezes o desenvolvimento de um sindicalismo de cúpula, sem envolvimento das bases na definição das políticas do sindicato. É quase regra geral as direcções serem eleitas por lista única que não tem oposição no processo eleitoral e, evidentemente, a tão falada partidarização do movimento sindical, tem também tido influência nesta área.

Evidentemente que para além dessas políticas dos governos que eu referi, existe um apoio substancial em termos do espaço em que nos inserimos, na União Europeia, com cada vez mais políticas comunitárias ao serviço de interesses empresariais ou dos interesses patronais. Nós começamos a ver agora em muitos documentos comunitários o anúncio quase solene do fim da construção do mercado interno, com todos os processos de liberalização que foram impostos. Restam alguns sectores e, nesse aspecto, o sector portuário, em que tenho estado profundamente implicado, é uma das honrosas excepções; em certa medida, pelo menos não responde ainda à abertura que a Comissão pretende. Mas findo esse processo de construção do mercado interno, a prioridade agora é a eliminação, caso a caso, selectiva, dos obstáculos que ainda vão resistindo através de mais liberalização, através de propostas como a Directiva Bolkestein que certamente seguiram, através de, como referi, propostas (foram duas de seguida que a Comissão fez) para liberalizar os serviços portuários, os transportes urbanos de passageiros, e aqui puxo a brasa àqueles com que tenho trabalhado mais proximamente na área dos transportes.

E há agora um caso, um desenvolvimento mais recente que tem de ver também com esta estratégia, este objectivo de eliminação daquilo que eles chamam as "barreiras" ao mercado interno, que são as duas decisões do Tribunal Europeu, de Dezembro, uma de 11 e outra de 18 de Dezembro (de 2007), sobre dois casos: um primeiro, no sector marítimo, *Viking Line*, e o segundo sobre uma empresa no sector da construção, o *caso Laval*. Eventualmente poderei voltar a estes dois casos, se necessário.

O debate sobre a flexisegurança faz também, no meu entender, parte dessa estratégia e a revisão das leis laborais que também foi posta em cima da mesa pela Comissão, embora com outros argumentos, é também por nós entendido como parte dessa ofensiva. Na proposta sobre a revisão, ou melhor, na comunicação sobre a necessidade da revisão das leis do trabalho, fala-se que é preciso acabar com a dicotomia de *insiders* e *out-siders*, mas aquilo que nos permite a nossa leitura é que, para acabar com a diferença entre uns e outros, fazemos de todos *outsiders* e assim acaba-se a diferença.

Estamos num quadro também de decisão comunitária e é preciso lembrar que, neste momento, se diz que já mais de 70% da legislação que é adoptada em cada um dos países individualmente tem origem em legislação comunitária. Portanto, quando hoje em dia falamos que vamos perder soberania e tudo isso, esta é já a situação concreta no dia de hoje. Mas temos que saber que para além disso existe uma maioria de governos de direita entre os 27 Estados Membros, com a ajuda de alguns *new labours*, alguns deles bem próximos de nós. No Parlamento Europeu, que tem um papel também decisório e importante na elaboração da legislação comunitária, existe uma clara maioria de direita, também para os conservadores e os liberais poderem jogar sozinhos em muitos dossiers... E uma Confederação Europeia de Sindicatos que, em meu entender, tem uma política "demasiadamente correcta", diria, apesar de no congresso que decorreu no ano passado, o tema adoptado ser "Na ofensiva". Eu gostaria de os ver mais ofensivos, menos correcção mas, para mim, um dos casos que mais me perturba no funcionamento da Confederação Europeia de Sindicatos é, até hoje, não terem ainda dito que basta de comissário Spidla, aquele homem que deveria assumir a pasta dos assuntos sociais e da igualdade de oportunidades na Comissão e que é uma confrangeradora limitação, não é capaz de juntar duas ideias e de tomar qualquer decisão que seja.

Acresce a isto o discurso da competitividade, face ao quadro da globalização, face aos novos actores mundiais, os BRICs: o Brasil, a Rússia, a Índia, a China. A necessidade de estabelecer critérios de comparação para aferir da competitividade, em que, a rigidez ou a flexibilidade das leis laborais, são um dos factores importantes e, portanto, a ideia que passa é a de que se queremos ser competitivos temos que flexibilizar mais, temos que baixar as nossas medidas de protecção, reduzir os direitos.

Em termos de algumas respostas que o movimento sindical deve e tenta nalguns casos dar, há uma coisa que para mim é evidente: o diálogo social tem um papel importante na definição e no estabelecimento de medidas de protecção dos trabalhadores e ao mesmo tempo de procurar soluções que favoreçam as empresas de uma atitude *win-win*, que se possam encontrar soluções que satisfaçam os dois lados. Mas essa agenda não pode ser definida pela Comissão Europeia. Na reflexão que fizemos na Federação Europeia dos Trabalhadores dos Transportes (ETF), o debate sobre a flexisegurança é disso um exemplo. Não que não devamos debater a flexisegurança, mas não nos termos em que ela nos é apresentada. Nesse aspecto posso dar-vos um exemplo concreto do trabalho da ETF em que a Comissão nos ofereceu, digamos, a troco de mais liberalização no serviço de assistência em escala nos aeroportos, uma série de medidas que eles próprios identificaram como não estando a funcionar bem na actual legislação aplicável a esses serviços. Mas a contrapartida era mais liberalização. Se no aeroporto há dois serviços, há dois operadores para o mesmo serviço, tem que haver três, se há quatro, tem de haver cinco, e por aí fora. E o que nós dissemos à Comissão foi que queríamos mais protecção para os trabalhadores, é uma situação que vai começar a manifestar-se cada vez mais neste quadro de mercado interno e de liberdade de acesso aos serviços, em que as concessões têm a sua duração limitada de cinco anos, dez anos, seja o que for, vão começar a chegar ao fim, vão começar a ser abertos novos concursos públicos e nada garante que a empresa que tem actualmente o serviço, vai manter esse serviço. Não sabemos qual vai ser a base de concorrência em muitos serviços, em muitos países, e vai ser certamente um factor do aumento do custo de mão-de-obra. E aí o que dissemos à Comissão foi: "se querem mais liberalização no sector do transporte aéreo, vamos ter que ter mais protecção". Portanto, queremos que as empresas que ganhem as concessões possam ser obrigadas a retomar os trabalhadores da empresa que sai. E eles disseram: "vocês não é aqui que têm que resolver isso, não é com a DG Transportes, têm que ir falar com a DG Emprego". E nós muito claramente dissemos: "neste debate da liberalização são vocês os interessados, são vocês que têm de falar com a DG Emprego". E, portanto, é este o tipo de oferta que eles nos querem fazer.

A atitude não é negar esse debate, mas recentrar o debate. Aquilo que deixámos claro foi que os problemas que eles identificaram podem ser resolvidos e estamos completamente de acordo com as medidas que eles propõem. Mas, primeiro, resolver isso, e depois então encontrar soluções que possam agradar e ser discutidas pelos dois lados. Fala-se no aumento dos trabalhos a prazo, nos trabalhadores eventuais, no trabalho atípico, mas muitas dessas situações, eu diria se calhar uma grande maioria, seria resolvida se a lei fosse aplicada, se houvesse uma inspecção de trabalho a funcionar melhor e se a lei fosse respeitada, nomeadamente na duração dos contratos a prazo, na justificação dos contratos a prazo e no enquadramento dos diferentes serviços que muitas empresas fazem à margem daquilo que está previsto na lei. E, portanto, se é ilegal é por aí que se tem que avançar e não é dizer, pronto é assim a situação, temos que primeiro ver isto, temos que nos habituar à ideia...

Outro aspecto que tem causado muito mal-estar em praticamente todos os países, é a questão dos trabalhadores comunitários mais baratos. O sector dos transportes é disso um exemplo gritante, em termos de discriminação dos trabalhadores, sendo que os comunitários têm salários distintos consoante a nacionalidade que apresentam. Mas, também aí, o cumprimento da legislação comunitária, da legislação nacional, resolveria muitos desses problemas porque é a própria Comissão que diz que para trabalhadores comunitários não é desde a entrada dos países como membros de pleno direito da Comunidade, mas sim desde que eles assinaram os Tratados Europeus nos anos 90, que não é autorizada qualquer discriminação, incluindo ao nível salarial. E se não é com os comunitários pode ser com os ucranianos ou com os russos ou com os filipinos. Embora aos filipinos não se aplique, já com os russos, os ucranianos, todos os países ACP, existem cláusulas nos acordos bilaterais que foram assinados com a UE, que prevêem a não discriminação, inclusive, em termos salariais. Neste aspecto penso que também os sindicatos têm alguma responsabilidade, mas não os vejo a reclamar sobre a implementação dessas cláusulas que já existem, de facto.

Temos um debate há meses com a Comissão Europeia, porque numa iniciativa que organizámos, houve um representante comunitário que disse, em termos de ajudas estatais que "sempre que vemos na imprensa que determinada região, determinada autarquia, determinado país subsidiou uma ponte, subsidiou uma estrada, agimos de imediato para ver se são ajudas estatais ou não são, se é um investimento, se é uma intervenção autorizada ou não perante as normas comunitárias". E o que nós reclamamos da Comissão é exactamente o mesmo para as questões sociais. E quando informamos, quando denunciamos que os trabalhadores da Ryanair, por exemplo, não são autorizados sequer a falar em sindicatos, são imediatamente despedidos; que os trabalhadores marítimos são discriminados em determinados países comunitários, o que pretendemos é que eles actuem imediatamente e nos ofereçam alternativas, e que os trabalhadores afectados possam ser eles próprios a apresentar a queixa à Comissão.

Isto para chegar à conclusão da tradicional prevalência dos critérios económicos, da ideia do mercado, sobre aquilo que nós insistimos teimosamente em defender que é um modelo social europeu de que ainda nos podemos orgulhar. E que se deve e muito à intervenção sindical, quer em termos nacionais, como em termos europeus.

Em termos internos, em termos já do trabalho dos sindicatos, há efectivamente a necessidade de os sindicatos se adaptarem, se estruturarem e procurarem adaptar-se em função das respostas que os trabalhadores apresentam, que necessitam e não apenas assegurar que vão poder continuar com o seu emprego no sindicato após a reestruturação sindical. Esta é uma limitação com que se debatem muitos processos de reestruturação sindical, que normalmente são dolorosos, são difíceis, e que acabam por muitas vezes não ter a eficácia que era necessária, exactamente por terem essas limitações. É, na minha opinião, evidente, que a sociedade não valoriza suficientemente o trabalho dos homens e mulheres que se têm dedicado a assegurar a representação de outros nos sindicatos e é necessário encontrar uma solução humana para os trabalhadores que, nomeadamente no caso das reestruturações sindicais, possam ser considerados redundantes. É preciso discutir a fundo essas reestruturações.

Em termos da adaptação ou do reforço da intervenção dos sindicatos, existe um factor externo que não é igual em países diferentes. Aquilo que eu tenho visto, sobretudo com os nossos filiados, é que quando em Dezembro, a Federação envia a todos os sindicatos que estão filiados (e nós representamos 40 países europeus, não só os comunitários), um questionário sobre o número de filiados (com base nisso fazemos a factura da posição para o ano seguinte), é curioso notar que existem variações diferentes, em casos diferentes, relacionadas com o tipo de governo que está/com o tipo de partido que está no poder. Em alguns países quando há governos de esquerda, a sindicalização baixa, as pessoas sentem-se mais protegidas, não sentem tanto a necessidade de aderir ao sindicato; noutros é exactamente quando há governos de direita que a sindicalização baixa, que as pessoas têm medo que o patrão saiba que a pessoa está sindicalizada; e o inverso, também, temos casos em que com os governos de direita, a sindicalização aumenta, as pessoas sentem necessidade de recorrer aos sindicatos com mais frequência.

Muito rapidamente, uma das questões que é focada é a dos trabalhadores precários, as chamadas novas formas de trabalho que os sindicatos não têm conseguido, adequadamente ter em conta. Por exemplo, na Holanda, uma das federações sindicais criou sindicatos para trabalhadores independentes que, muitas vezes, são falsos independentes porque não tendo um patrão directo, muitas vezes trabalham dedicadamente para uma mesma entidade empregadora, não sendo formalmente trabalhadores dessa empresa. Mas sem dúvida que é necessário dar mais atenção aos emigrantes, que em determinados sectores têm um elevado potencial de aumentar o número de mulheres empregadas, embora nem sempre esteja a haver essa correspondência. Os quadros técnicos também têm muita relutância, muitas vezes, em participar na vida sindical e, como já disse, os trabalhadores independentes.

Os sindicatos têm que participar activamente ao nível do debate de ideias. Para além do trabalho sindical, da representação nas empresas, estarem junto dos trabalhadores e de fazerem a ligação das decisões que são tomadas com a realidade do local de trabalho, os sindicatos, as confederações, em particular, mas também ao nível sectorial, têm que participar no debate de ideias todos os dias, de maneira a obtermos uma efectiva protecção social e serviços públicos de qualidade, defender a regulação do mercado de trabalho com a valorização da negociação colectiva e das organizações representativas dos trabalhadores. E, paralelamente, é a última questão que eu queria tocar, é a questão do sindicalismo transnacional, que é aquela da abordagem em que estou envolvido desde há 8 anos mais directamente e é fundamental, não só pela questão que eu referi – em termos comunitários, a legislação cada vez mais vem de Bruxelas, e é orientada pelo pensamento de Bruxelas, – mas também porque num mercado global é necessário intervir também ao nível global. E só organizados numa escala transnacional, é possível aos sindicatos intervirem. Eu espero que no debate possa abordar novamente esta questão, porque, para mim, não só porque estou a trabalhar numa federação europeia mas pela actividade que tenho desde que entrei para o sindicato em 1990, se valorizei e aprendi a valorizar aquilo que é possível ser feito em termos de solidariedade, de participação, de informação, de troca de informações ao nível global, através da Federação Internacional dos Trabalhadores dos Transportes, e agora através da ETF, Federação Europeia, em que tenho exemplos de resultados positivos (claro, as derrotas são muitas também), são sinceramente importantes.

Peço desculpa por me ter alongado demasiado.

CAPÍTULO 4
O SINDICALISMO DE PROPOSIÇÃO NO SECTOR BANCÁRIO

Carlos Silva (Sindicato dos Bancários do Centro)

Muito boa tarde a todos. Em primeiro lugar, naturalmente que gostaria de agradecer a gentileza do convite que me foi formulado para estar aqui presente e para ditar aqui algumas teorias de dirigente sindical. Apesar do carácter aparentemente pejorativo que isto possa ter, pelo menos como sindicalista mas também como dirigente sindical, no caso de um sindicato sedeado na nossa cidade em Coimbra, o Sindicato dos Bancários do Centro, órgão ao qual eu presido, aquilo que me foi pedido foi no sentido de balizar a minha intervenção naquilo que é, digamos, a existência hoje do movimento sindical (de hoje e não só, de há uns anos a esta parte), no sector financeiro. Não apenas no sector bancário, mas também no sector segurador que hoje, bancos e seguros andam de mão dada. Não é hoje novidade para ninguém que as questões que a banca gosta de apelidar de *cross-selling* afectam tanto os trabalhadores da banca, como os trabalhadores dos seguros que nos vendem os produtos dos outros. Portanto, os problemas acabam por estar cruzados e a génese acaba por ser comum.

E portanto, iria começar por vos dizer duas ou três coisas em relação ao meu sindicato propriamente dito. Portanto, é um sindicato de bancários, algumas questões aqui colocadas que afectam o movimento sindical de uma forma generalizada, também nos afectam a nós, mas há uma que não nos afecta, por uma questão que vos vou explicar. E qual é a que não nos afecta? É a taxa de sindicalização. Hoje os sindicatos dos bancários portugueses têm das taxas de sindicalização mais elevadas da Europa e do mundo, quase 100%, porque têm naturalmente por via da contratação colectiva, hoje chamada do seu acordo do trabalho vertical, a existência dos SAMS – Serviços de Assistência Médico Social –, que é uma conquista com trinta anos e que permite que sejam os sindicatos dos bancários, os seus dirigentes ou através dos seus dirigentes, que tenham erigido e dirigido os serviços que prestam assistência médica e medicamentosa aos seus associados e às suas famílias. Ora, como as entidades patronais, por acordo estabelecido na contratação colectiva, também descontam um valor substancial para que precisamente os nossos sindicatos possam prover e resolver essa situação. Naturalmente que ao pagarem 6,5% de contribuição para os SAMS e em que cada trabalhador bancário também desconta 1,5%, naturalmente que nós somos obrigados a prestar toda assistência médica e medicamentosa. Somo nós, os sindicatos, que têm essa prerrogativa. E essa prorrogativa traduz-se, naturalmente, por uma sindicalização de quase 100%. E daí que muito se fala no movimento sindical, que os sindicatos dos bancários são sindicatos ricos. Não é verdade! São sindicatos que movimentam muito dinheiro, mas até serem ricos há uma diferença muito grande. Por exemplo, o nosso sindicato que é um dos sindicatos mais pequenos dos bancários, movimentar cerca de 20 milhões de euros por ano, em termos orçamentais, é realmente uma verba que, em termos empresariais, já nos coloca numa PME, enfim, de uma razoável dimensão. Porque só os nossos beneficiários são cerca de quinze mil, entre associados e os seus familiares, os seus agregados familiares.

Se falarmos do Sindicatos dos Bancários do Sul e Ilhas, que é o maior sindicato do país, com cinquenta mil associados, tem cento e vinte mil beneficiários e, portanto, o seu orçamento praticamente quase sextuplica em relação ao do sindicato dos Bancários do Centro. O Sindicato dos Bancários do Norte, é um sindicato intermédio, com vinte mil associados, cerca de quarenta mil beneficiários, e portanto, os três em conjunto, representam naturalmente, enfim, um grande capital, um grande património humano, no movimento sindical português e não apenas português, mas também em termos europeus.

Problemas dentro do nosso sindicato, todos têm, todos os nossos sindicatos atravessam naturalmente grandes constrangimentos, por exemplo, por via da contratação colectiva. Se alguma coisa que os nossos sindicatos, estes três que eu referi, têm feito em termos sindicais é eleger há alguns anos, dentro da mesma central onde estão filiados e de que são co-fundadores – a UGT – aqui com o seu secretário-geral presente, são sindicatos que defendem aquilo que chamam um sindicalismo de proposição. Propostas que, através da negociação colectiva, através da concertação, do diálogo e do entendimento, sem descurar naturalmente outras formas de luta e de pressão, até que as questões que nós colocamos, paulatinamente, possam ser discutidas e aprovadas para melhoria das condições daqueles que representamos que são os bancários, em Portugal. Mas as coisas não são fáceis! E não são fáceis porque, por exemplo, na contratação colectiva, ela está plasmada no código de trabalho, é um acordo das partes, e muitas vezes nós assinamos e a parte patronal não cumpre. Ora, isso levanta naturalmente grandes dilemas, não apenas no sector bancário, mas em qualquer sector que se preze. Nomeadamente, por exemplo, quando bancos hoje actuam em Portugal, que têm o peso que têm na economia... não esqueçamos que o sector bancário, o sector financeiro, é o sector mais rentável da economia portuguesa e o mais rentável da economia mundial. E eu já vos dou aqui alguns dados em relação a isso, não apenas entre 2000 e 2006, mas um estudo lançado ontem pela toda poderosa McKinsey, que define já aqui um quadro de expectativas em relação ao sector bancário, inclusivamente até 2016. Portanto, entendemos que não têm necessidade de recorrer a determinado tipo de comportamentos na contratação colectiva que constrangem, naturalmente, a nossa actuação.

Bem se lembrarão que em 1998, o BCP, um banco que anda aí na berra pelas razões que conhecemos, abandonou a contratação colectiva. Saiu. Deixou de pagar as suas contribuições e, portanto, os sindicatos tiveram que encontrar uma forma de resolver uma situação gravíssima, até porque, pela própria existência dos serviços de assistência médico-social e, portanto, vieram para a rua. Foram para a rua Augusta, fizeram as manifestações que tinham que fazer, entenderam encontrar uma forma de expressão que levasse a administração a ceder e sentar-se à mesa. E a única forma que se conseguiu foi pela primeira vez, no sector bancário, avançarmos para um acordo de empresa. A partir do momento que se avançou para um acordo de empresa no BCP, outras instituições de crédito pretenderam, naturalmente, negociar connosco, com os sindicatos, acordos de empresa. E hoje temos acordos de empresa, com o Banco de Portugal, com o grupo Caixa Geral de Depósitos, com o Banif, com as Instituições de Crédito Agrícola Mútuo e com mais outras que estamos a negociar. Resultado: se havia, como se dizia, no sector bancário, uma grande unidade, naturalmente quando era colocada pelos dirigentes sindicais face a uma determinada reivindicação perante as entidades patronais, uma coisa é termos o mesmo ACT do sector bancário para todas as instituições. E aí uma capacidade reivindicativa mobilizadora tem outra força que não tem hoje quando a negociação colectiva se estende e se espalha por várias mesas negociais. E, portanto, houve aqui naturalmente uma perda de alguma capacidade de luta, no sentido de arregimentarmos toda uma classe, mas que hoje está dividida num conjunto de bancos. Cada um tem o seu acordo de empresa e, ainda por cima, em Portugal, o que não acontece em Espanha, os nossos vizinhos europeus, onde uma representante patronal que se chama Associação Portuguesa Bancos (APB), teima em não assumir as suas responsabilidades. Ou seja, a APB, não assume ser o parceiro perante os sindicatos, retirando-nos a possibilidade, por exemplo, de apresentarmos um contrato colectivo de trabalho, um CCT, que pudesse ser discutido pelo mesmo interlocutor e temos que continuar com esta pluralidade de acordos de empresa, que de alguma forma retiram espaço de manobra aos sindicatos no sentido de defenderem determinado tipo de prerrogativas e até de formas de luta mais acesa. Eu lembro-vos que no sector bancário em 1988 foi a última greve e quando digo de todo o sector, e não só apenas de sector, por exemplo, como aconteceu aqui há três anos com a Caixa Geral de Depósitos. Mas no sector bancário, em 1988, foi a última. E portanto, a partir daí, os sindicatos têm, enfim, efectuado as suas opções à mesa das negociações através de propostas concretas de, enfim, conseguir granjear com as entidades patronais, com as várias entidades patronais e as várias mesas negociais, as melhores soluções que prevejam, portanto, aquilo que chamamos um sindicalismo de proposição, de entendimento, enfim, ainda que com dificuldades. Mas como se não bastasse, há hoje grandes bancos mundiais, eu vou vos dar dois exemplos, o *Citibank* que tem uma delegação em Portugal, e um grande banco alemão, sendo um dos maiores bancos do mundo, bem escusava de nos estar a causar os problemas que está a causar, que é o *Deutsche Bank*, que se recusa a dialogar com os sindicatos e se recusa a aceder a uma mesa negocial para discutirmos a contratação colectiva. Não querem. Portanto, como é um banco que, de acordo com as expectativas que nos são criadas, em 2008 pretendem abrir cerca de 60 agências em Portugal, há muitos bancários que trabalham hoje no sector bancário e amanhã poderão ser convidados pelo *Deutsche Bank*, já temos casos concretos na nossa área sindical, e poderão ser convidados a trabalhar nessa instituição. Resultado: quando se muda de um banco, por exemplo, um da praça que desconheçam, ou um Santander ou BPI, e quando mudam para um *Deutsche Bank*, perdem a contratação colectiva, perdem o serviço de assistência médico-social, perdem o fundo de pensões. E nós já alertámos o *Deutsche Bank* que estamos em condições de negociar e eles já nos disseram que não.

Portanto, os três sindicatos dos bancários, numa reunião que tiveram na semana passada, internacional, tiveram que apelar, e já vamos falar da questão da internacionalização, tiveram que apelar a uma grande organização internacional onde os três são filiados, que é a UNI, no sentido de também ela começar a dar passos para pressionar o *Deutsche Bank*, na Alemanha, através do conselho europeu de empresa que vai reunir no próximo mês de Março, e a quem já facultámos um conjunto de dados para que a questão seja colocada à administração, e vamos ter que pressionar as autoridades europeias e as nacionais. Porque é, efectivamente, até para os outros bancos nacionais uma concorrência desleal, não terem que estar sentados, nem terem que respeitar as regras da contratação colectiva.

Portanto, se há problemas em todos os sindicatos, todos os têm, nós também temos os nossos e, naturalmente que, há cerca de trinta anos que os sindicatos dos bancários tinham andado a magicar se era ou não era possível dar um passo no sentido de articular com outra força e com outra determinação, as suas políticas negociais e reivindicativas. E Portugal é um país com pouco mais de oitocentos e cinquenta anos, não é assim muito jovem. A verdade é que estão radicados no nosso país um conjunto de pressupostos que têm a ver com regionalismos que se mantêm, cada um quer, enfim, gerir o seu espaço. Além disso temos, naturalmente com toda a legitimidade, o espaço político-sindical onde cada um intervém da forma que entender e lhe aprouver e, portanto, durante trinta anos não foi fácil gerir a participação destes três sindicatos, porque são sindicatos geográficos. O Centro abrange exclusivamente quatro distritos: Coimbra, Leiria, Viseu e Guarda. E se o Norte e o Sul são grandes e ainda por cima têm a nuance de terem no seu seio as grandes cidades do país, e nessas grandes cidades, Lisboa, Porto, estão concentrados milhares de bancários. A população bancária no activo em Portugal é, neste momento, de cerca de sessenta mil trabalhadores. A verdade é que, a nossa região não tem grandes cidades, grandes bancos e, portanto, é um sindicato disperso por uma grande área geográfica, do interior do país. Não se esqueçam que o norte do distrito de Viseu e do distrito da Guarda, cada vez que visitamos aquelas agências, calcorreamos centenas, para não dizer milhares de quilómetros, para visitar os nossos associados, mas fazê-mo-lo. E esse sindicalismo, nós continuamos a fazê-lo. É algo de que não abdicamos, mas de que se abdicou no passado. E portanto, é também uma das formas que o nosso sindicato tem de chegar mais facilmente aos seus associados e ganhar sindicalização. Porque os sindicatos dos bancários também estão, naturalmente, confrontados com a pulverização sindical. E se até aqui há alguns anos um conjunto de sindicatos, como os nossos três que já referi, o Norte, o Sul e o Centro tinham os associados a entrarem-lhes pela porta dentro, hoje há outros sindicatos, naturalmente com toda a legitimidade, que apresentam as suas propostas e, portanto, também fazem sindicalização. Isto obriga a que se tenha perdido aquilo que o sindicato, o sindicalismo bancário chamou de sindicalismo de gabinete, que durou mais de vinte anos, onde os dirigentes praticamente não saíam dos seus locais da sede do sindicato. Hoje estão obrigados a fazer sindicalismo no terreno. E aí sim, estão os verdadeiros pressupostos da actividade sindical. A contratação colectiva e a sindicalização da qual não abdicamos e que nos tem trazido resultados bastante razoáveis.

Naturalmente que durante trinta anos foi difícil articular estas mesas negociais com três sindicatos, mas no passado dia 6 de Dezembro (de 2007), finalmente, depois de trinta anos de negociações, os três sindicatos dos bancários e dois do sector segurador, dos mais expressivos em Portugal, com excepção do SINAPSA (Sindicato Nacional dos Profissionais de Seguros e Afins), que para já decidiu não participar, foi constituída a federação do sector financeiro. Uma grande federação com cerca de oitenta mil trabalhadores que representa os dos seguros e os do sector bancário e que, estando constituída, ainda não começou a dar os seus passos na parte prática. E porquê? Porque ainda não estão constituídos os órgãos. Mas quando estiverem, a federação tem, naturalmente, objectivos: optimização de recursos... eu devo dizer-vos que o Sindicato dos Bancários do Sul e Ilhas tem mil e seiscentos trabalhadores – são serviços de assistência médico/social, tem um hospital. O nosso sindicato, embora seja o mais pequeno, tem sete postos clínicos diversos, são próprios, são nossos, nos quais nós prestamos consultas de todas especialidades aos nossos beneficiários e, portanto, a optimização de recursos, a gestão controlada dos custos, a produção de economias de escala e, acima de tudo, a capacidade de nós podermos a uma só voz unir dentro das mesas negociais os três sindicatos em vez de estarem espalhados e cada um a representar a sua região. E às vezes, quando temos condições de chegar a um determinado patamar de entendimento, há sempre alguém que diz "eu não estou de acordo, tenho que levar o assunto à minha direcção". E estas questões causam, naturalmente, constrangimentos graves quando se está a falar de contratação colectiva ou de outra matéria qualquer. Portanto, a Federação vem dar corpo a uma pretensão de muitos anos do sector financeiro, no sentido de tentar articular de uma forma capaz, aquilo que é a voz dos três sindicatos bancários e dos dois sindicatos dos seguros. É, portanto, para nós um desidrato que se constituiu e vamos ver também se outro grande desiderato dentro da Federação... será, certamente, constituída e ainda durante o ano de 2008, que será o SAMS-Portugal, um grande serviço de assistência médico/social. Já hoje é o maior subsistema do país, subsistema privado de saúde do país, dependendo do Serviço Nacional de Saúde e que, certamente, a nível dos três SAMS, já é o maior, e naturalmente, reforçará a sua dimensão em termos nacionais de forma absoluta e inigualável naquilo que é Portugal no seu melhor, em termos de prestação de cuidados de saúde a um universo de cerca de duzentos mil beneficiários.

Uma segunda questão que eu queria abordar é também aqui colocada em termos internacionais: os sindicatos olham só para si ou também olham para os outros? Bem, os nossos sindicatos não têm uma postura hermética e nunca tiveram. Se há sindicatos que têm uma relação internacional profícua e de longo prazo esse é o caso do Sindicato dos Bancários. E dir-vos-ia que, em termos de solidariedade, é um chavão se usa muito mas que o Sindicato dos

Bancários tem conseguido fazer e aplicar é, por exemplo, ao nível dos países de expressão portuguesa, apoiarem de forma específica e prática, um conjunto de situações. Por exemplo, dou-vos uma nota: em 2001, o meu sindicato – o Sindicato dos Bancários do Centro, equipou e montou na íntegra um posto clínico completo na cidade de Praia, em Cabo Verde, para o Sindicato dos Trabalhadores Bancários de Cabo Verde. O Sindicato dos Bancários do Sul e Ilhas equipou, construiu e foi fazer a formação da sede dos Trabalhadores Bancários de Angola, em Luanda... o Sindicato dos Bancários do Sul e Ilhas, sozinho. Neste momento, o Sindicato dos Bancários do Norte está numa deslocação a Moçambique, precisamente para fazer o mesmo. Ou seja, a solidariedade internacional aplica-se onde é necessário e, sobretudo, sendo mais necessário em países com quem temos naturalmente uma relação de solidariedade e cultural de séculos, é importante que seja por aí e é por esse caminho que nós apostamos. Nomeadamente em actos práticos de solidariedade e generosidade, ou no capítulo da formação, onde os nossos sindicatos prestam formação a colegas desses países. Também o fazem no Brasil, mas também a recebem. E dou-vos um exemplo: no próximo mês de Fevereiro e no próximo mês de Maio (de 2008), colegas da minha direcção, irão receber formação sindical através de uma escola de formação sindical da UGT espanhola, no sentido de melhor conhecerem aquilo que é a realidade, por exemplo, da organização sindical do país vizinho que, embora seja aqui ao lado, tem algumas distinções em relação à nossa: os sindicatos estão agregados em federações e é também nesse sentido que ao participarmos numa federação, é importante que os nossos dirigentes conheçam a forma de se articularem e de se unirem, e conheçam as federações, por exemplo, na central sindical, em Espanha.

Uma questão em que temos participado com alguma ênfase é, naturalmente, como já vos disse, na questão internacional. Os sindicatos dos bancários portugueses, estes três sindicatos, têm feito um grande esforço, quer junto da UNI, quer por via indirecta, através da UGT, junto da CES, no sentido de, por exemplo, os conselhos europeus de empresa serem uma realidade. E é a segunda vez que participo numa iniciativa do Centro de Estudos Sociais da Faculdade de Economia, porque o primeiro foi no ano passado noutra qualidade, foi enquanto secretário e coordenador do conselho europeu de empresa do grupo Banco Espírito Santo. É o único conselho europeu numa multinacional portuguesa do sector financeiro. Julgo até que é o único conselho europeu de empresa numa grande multinacional portuguesa, aqui com sede em Portugal, mas no sector financeiro é garantidamente. Há condições de se criarem conselhos europeus de empresa noutras? Naturalmente que há. Resta saber também da disponibilidade das entidades patronais, e a essas, cumpre a directiva de fazê-las obrigar, se não vão a bem, vão de outra forma, portanto, a directiva tem essa prerrogativa. Entendemos deixar assentar o pó nesta questão do momento, do BCP, para darmos o passo no sentido da sua constituição. E quando o fizermos, foi também fruto dum bom relacionamento que temos com as centrais sindicais espanholas. Porque foi em conjunto com a UGT de Espanha e com as *Comisiones Obreras* que o Grupo Espírito Santo acedeu em constituir aquele conselho europeu, como também o será em relação aos outros dois bancos quando entendermos dar esses passos. E por que é que entendemos que isso é essencial? Por que se há alguma coisa que nós todos hoje sabemos que é derivado das grandes questões da globalização económica é a constituição das empresas multinacionais, e o grande problema do sector financeiro é que, hoje em Portugal, quase todos os bancos são multinacionais. Aliás, nos últimos tempos, tenho participado num conjunto de debates e ontem ouvi o representante da OIT em Portugal dizer que das cem maiores economias do mundo, onde estão países, naturalmente, mais de metade são multinacionais. E muitas delas, para não dizer a esmagadora maioria, são do sector financeiro. Ora, a melhor forma de os sindicatos conseguirem entrar no seio das multinacionais e discutirem algumas questões, nomeadamente, aquelas que já vos coloquei derivadas da contratação, também passa por aí. E os sindicatos portugueses, à semelhança da UNI e dos seus novecentos filiados, estão a fazer grande pressão junto das multinacionais no sentido da constituição de conselhos europeus de empresa. É um patamar fundamental para que os sindicatos possam penetrar no seio das multinacionais e conhecer, propor, discutir, negociar, determinado tipo de regras que sabemos que sendo de difícil aplicabilidade em todos os países, porque as legislações também são distintas, a verdade é que há questões sociais que é possível aplicar em Espanha, mas também que é possível aplicar em Portugal, que é possível aplicar em França ou na Polónia onde o BCP tem balcões, tem um banco, como é possível aplicar em Portugal. O Banco Espírito Santo comprou agora uma participação importante num Banco dinamarquês e nós, naturalmente, queremos que esse banco dinamarquês venha para a órbita do conselho europeu. E a melhor forma dos conselhos europeus poderem discutir determinado tipo de situações e regras, é serem conselhos europeus de empresa, na nossa óptica, com uma forte representação sindical. É a única forma que os sindicatos têm de dentro das multinacionais poderem intervir de forma transnacional para que se apercebam de determinado tipo de regras em que cada multinacional, aproveitando as fragilidades de cada país, ou de cada legislação laboral, possa a seu belo prazer aplicar dentro de cada nação. E esta é que é a grande questão. Por exemplo, o *Deutsche Bank*, em Espanha, cumpre o convénio da banca privada. Porque é que não cumpre em Portugal? Será que a lei espanhola é mais rígida? Será que as centrais sindicais espanholas são mais exigentes? Portanto, são questões que nós nos permitimos colocar e que devemos aferir em cada momento.

Para terminar, duas informações. A McKinsey é uma grande empresa multinacional que tem trabalhado para a banca portuguesa. Aliás, trabalhou no banco e pertence mesmo ao quadro do Banco Espírito Santo e, no BES, foi a McKinsey que fez uma verdadeira revolução, há alguns anos a esta parte, no sentido de dar um conjunto de directivas ao Banco Espírito Santo para que a sua capacidade orgânica e de expansão em Portugal e em Espanha fosse de determinada forma e, portanto, o banco actuará da forma que entender. Mas também a própria UNI solicitou à McKinsey a elaboração de um estudo em relação ao sector financeiro mundial. Dois ou três dados: em 2006 os lucros por empregado a nível mundial, só no sector bancário, foram superiores 26 vezes à média de todas as outras indústrias, de todas as outras indústrias em todo mundo, 26 vezes. Em conjunto, as economias emergentes do Brasil, da Rússia, da Índia e da China, destes quatro países e estamos a falar só no sector financeiro, em conjunto, foram responsáveis por apenas 14% do total dos lucros gerados na banca mundial, entre 2000 e 2006. Portanto, quatro países, 14%. E agora as previsões da McKinsey: os lucros da banca até 2016 deverão descer em média 7,5% ao ano; a indústria bancária mundial deverá gerar 7,5 triliões de dólares, em lucros, cerca de 1,8 triliões de dólares após... depois de livres de impostos, até 2016, ou seja, mais do dobro das médias de 2006. As economias emergentes daqueles quatro países, entre 2006 e 2016, deverão gerar lucros de cerca de 50% de toda a indústria bancária mundial, ou seja, aquilo que era até agora, só de 14%, será metade de 2006 a 2016, sendo que os Estados Unidos representarão 25% e a Europa ocidental 20%.

São estudos insuspeitos da McKinsey lançados ontem a nível mundial a pedido da UNI e que é a própria UNI que o defendeu. Resultado: estamos a discutir muitas vezes à mesa das negociações tabelas salariais pouco acima daquilo que o governo fixa, unilateralmente, para a função pública e pergunta--se: com lucros fabulosos destes, como é que é possível que num sector como o nosso, que no sector bancário em Portugal, ainda por cima com a apresentação de 15% de lucros do BPI que foi o primeiro banco a apresentá-los, e do Bilbao Vizcaya, em Portugal, que ganhou 29% em relação a idêntico período do ano passado, como é possível que nós estejamos a disputar, a discutir questões, cortando eles as unhas rentes e não querendo aumentar os seus trabalhadores? Como é que é possível que o sector financeiro, em Portugal, seja aquele que mais recorre ao *outsourcing*? Porque hoje qualquer jovem que saia das universidades, acaba aqui o mestrado e vai para um banco trabalhar? E pensam que vai fazer o quê? Tem que ter uma licenciatura, naturalmente que é verdade, mas vai trabalhar num *call center*, a ganhar 300€ ao mês, abaixo do ordenado mínimo nacional. Já lhe chamam a geração dos "trezentos euros". Ainda ontem foi lançado isto num debate onde eu estive presente com um colega meu de Sul e Ilhas e isto é verdade. E é contra este tipo de situações e de abusos da nossa sociedade que o movimento sindical continua a ser fundamental.

Os sindicatos são fundamentais para a denúncia, para o combate destas situações fraudulentas e que escarnecem aquilo que é a dignidade humana. E quando se fala em globalização, se há alguma coisa em disputa, é por uma globalização com princípios sociais. E é isso que nós defendemos e pelo qual continuamos a batalhar.

Muito obrigado.

CAPÍTULO 5
A NECESSÁRIA HUMANIZAÇÃO DAS RELAÇÕES DE TRABALHO

João Proença (União Geral de Trabalhadores)

Em primeiro lugar queria agradecer ao Núcleo de Trabalho e Sindicalismo do Centro de Estudos Sociais o convite para estar aqui e agradecer também a realização de um debate deste tipo sobre o sindicalismo. Peço desculpa pelo atraso mas de manhã tive um debate em Setúbal, justamente sobre a coesão social e, portanto, houve ali algum atraso, de maneira que não pude assistir a toda a intervenção do Eduardo Chagas.

Acho que estes debates são, de facto, fundamentais e hoje é fundamental questionar o sindicalismo, questionar os sindicatos, procurar que os sindicatos funcionem melhor e isso implica o debate. Mas também temos que, relativamente a este debate, ter presentes alguns dados. É evidente que hoje podemos questionar a democracia tal como ela existe nos países ocidentais, (há defeitos, com certeza que podemos apontar muitos) mas ainda não se descobriu o método melhor do que a democracia tal como ela é. A democracia de partido único ou de minorias iluminadas, na prática são as ditaduras que são melhores que a democracia ocidental, apesar de todos reconhecermos as suas limitações e nomeadamente aquilo que provoca situações de pobreza e exclusão.

Também relativamente à democracia política, o que podemos dizer é que é fundamental que associada à democracia política esteja uma democracia de participação dos cidadãos nas decisões a vários níveis. E quer os cidadãos sejam individualmente considerados, quer sejam cidadãos organizados, o que é facto é que os sindicatos são a estrutura mais representativa da sociedade civil. Vemos que nas várias estruturas de defesa de interesses ou de defesa do interesse geral, os sindicatos são hoje a estrutura mais representativa; aliás, os sindicatos têm muito mais filiados do que os partidos políticos. Os partidos políticos estão é legitimados com o voto de todos, os sindicatos estão legitimados pela adesão dos trabalhadores, adesão livre dos trabalhadores.

Eu penso que os sindicatos têm objectivos próprios de defesa dos trabalhadores e dos trabalhadores sindicalizados, embora alguns pretendam lançar um anátema sobre os sindicatos: os sindicatos são corporativos, os trabalhadores sindicalizados contra os trabalhadores não sindicalizados, nomeadamente, os desempregados, os trabalhadores mais precários. Essa é uma afirmação profundamente injusta. É evidente que um sindicato considerado como a defesa de uma classe, é evidente que alguns podem ser acusados de corporativismo, é evidente que um sindicato da administração pública defende os trabalhadores da administração pública, em primeiro lugar os trabalhadores sindicalizados. Mas os sindicatos associam-se às centrais sindicais e nas centrais sindicais estão os da administração pública e estão os outros. Uma central sindical defende as posições do seu sindicato da administração pública, defende os trabalhadores da administração pública mas ponderando o interesse do conjunto dos trabalhadores que representa.

Uma central sindical também defende o interesse geral, portanto, é completamente inadmissível que alguns se arroguem o direito, por exemplo, o governo, de dizer que é o único que defende o interesse geral, que os sindicatos não defendem o interesse geral. Isso é uma observação completamente inaceitável. É evidente que os sindicatos devem ter participação na vida económica e social, é evidente também que devem ter representações sectoriais. As estruturas dos sindicatos sectoriais também devem poder ter o direito à representação.

Já agora, desejo também falar de uma outra questão. Fala-se muito na renovação dos sindicatos e eu acho que uma questão que se tem de pôr em cima da mesa é a da limitação de mandatos dentro das estruturas sindicais. Aliás, já há exemplos. A Confederação Europeia de Sindicatos, num congresso há dois anos, estabeleceu a limitação de mandatos. E essa questão deve pôr-se. Mas também às vezes como se analisa apenas a renovação pelo dirigente máximo, não se vai estudar no concreto a renovação. Na área da UGT, temos uma comissão permanente constituída por oito membros *full time*, desses oito membros *full time* só dois estão, digamos, do mandato anterior, em oito foram renovados seis, e quatro são mulheres. E isto é também outro aspecto. De facto, fala-se muito em igualdade de oportunidades e todos sabemos que há desigualdades várias! Veja-se até o que aconteceu há pouco tempo na Noruega, onde se estabeleceu claramente uma representação pública das mulheres nos conselhos de administração das empresas, sob pena dos conselhos de administração serem considerados ilegítimos. Em Portugal também os sindicatos têm que dar exemplos de acção positiva... Se nós virmos as estruturas sindicais, por exemplo a Confederação Sindical Internacional, vemos que ela tem nos seus estatutos que se as delegações não integrarem mulheres, se metade dos membros não forem mulheres, têm que dar uma explicação que, na prática, normalmente não é aceite. E então o número de votos dessas organizações sindicais num congresso é reduzido proporcionalmente, justamente pelo facto de a delegação não respeitar a paridade. Por exemplo, temos na nossa Comissão Permanente quatro homens e quatro mulheres, num esforço para promover a igualdade de oportunidades.

Mas entrando então propriamente em matérias da discussão: é evidente que hoje a actividade sindical, temos que ter presente, está confrontada com um trabalho que está melhor, tem coisas para melhor, tem coisas para pior. Se avaliarmos hoje quais são as condições de vida e de trabalho dos trabalhadores portugueses ou dos trabalhadores europeus, na sua generalidade eu diria que são melhores do que no passado. Apesar de todos os defeitos da globalização, podemos dizer que a globalização fez com que o número de pobres no mundo tenha diminuído. Pontualmente, a situação daqueles que continuam pobres agravou-se e as desigualdades entre países agravaram-se. Mas entendo que os trabalhadores portugueses hoje vivem melhor do que viviam há quinze ou vinte anos atrás, o que não significa que o trabalho não tenha mudado e em muitas coisas mudou para pior. É evidente que o trabalho por conta de outrem, o trabalho subordinado, continua claramente predominante. Mudou bastante o trabalho como se exerce, os fusos laborais, até o local de exercício do trabalho. Por vezes fala-se muito no desaparecimento da sociedade industrial. Quando analisamos as estatísticas, por vezes vemos que Portugal era o segundo país com maior peso de trabalhadores industrializados. Hoje temos um pouco menos de trabalho industrial. Mas se analisarmos as estatísticas vemos que muito do antigo trabalho industrial passou a ser trabalho de serviços, porque se autonomizaram as estruturas de limpeza, as estruturas de segurança ou se fizeram algumas subcontratações, se autonomizaram parte das empresas. Muito do actual trabalho de serviços era anteriormente trabalho classificado como industrial. Mas se tem havido uma certa diminuição nas sociedades mais avançadas do trabalho industrial, diminuiu muito o trabalho agrícola, aumentou muito o trabalho nos serviços. E mesmo quando analisamos alguns países, como os Estados Unidos, os Estados Unidos são sobretudo uma sociedade de serviços, embora esta desvalorização do dólar tenha feito novamente crescer o sector industrial. Mas o que muda mais na era industrial é que, de facto, a empresa tradicional, que fazia todas as tarefas, passou a ser uma rede complexa. E, normalmente, quando vemos hoje uma grande empresa da construção civil, vai analisar-se quantos trabalhadores e descobre-se que tem poucas centenas de trabalhadores, porque o grande universo dos trabalhadores está em várias empresas subcontratadas.

Convirá também ter bem presente que se a forma predominante de trabalho era o trabalho permanente, hoje já não é bem assim. Normalmente, uma das questões focadas é a sindicalização dos jovens. É evidente que quando se fala em novos contratos fala-se, sobretudo, de novas entradas no mercado de trabalho, ou seja, os jovens têm basicamente contratos a prazo. E hoje Portugal tem um nível de precariedade que é dos mais elevados da Europa. Ao nível de Espanha e da Polónia, temos das maiores precariedades. E quando analisamos a precariedade é bom separar o que é a precariedade legal... hoje o contrato a prazo é o menos precário dos contratos, porque o problema são as falsas prestações de serviços, os trabalhos temporários, o falso trabalho autónomo. Portanto, há muitas formas de trabalho precário. Por outro lado, convém também ter presente uma grande mudança que ocorreu no mercado de trabalho: se há muitos anos as mulheres tinham uma expressão relativamente reduzida no mercado de trabalho, hoje têm uma expressão muito significativa. E Portugal é dos países que, no conjunto da União Europeia, tem maior participação das mulheres no mercado de trabalho, mesmo em termos de contratos a tempo inteiro. Os países nórdicos têm níveis até eventualmente superiores aos nossos no conjunto das mulheres, mas têm muito mais trabalho a tempo parcial. Por outro lado ainda, é de observar a grande participação das mulheres no sistema educativo, a nível universitário, situada à volta dos sessenta por cento. Ora, isso também traduz uma mudança significativa, mas que ainda não teve as consequências devidas, nomeadamente no acesso a posições de chefia nas empresas.

Se há mudanças no trabalho, mudanças nas empresas há que ter também presente, de facto, o peso recente das multinacionais. Quando se analisam as 60 maiores potências económicas mundiais, 20 são empresas. Quarenta Estados, vinte empresas. Essas vinte empresas estão à frente dos outros Estados em termos da economia. Estão à frente em termos de produto, em termos da riqueza, mas em termos de trabalho têm muito menos trabalhadores. As multinacionais, no conjunto da economia mundial, representam 0,5% dos trabalhadores. Nas 100 maiores economias, potências económicas, metade são empresas. E isso faz com que muitas vezes haja uma pressão muito grande para a desregulação, e torne alguns mecanismos de controlo dos Estados completamente ineficientes. Uma multinacional que tenha relações entre as diferentes empresas facilmente paga lucros onde quer. Se uma multinacional produz em Portugal uma parte e essa parte depois é exportada para a Alemanha, o preço em que é avaliada a parte produzida em Portugal é aquele que a multinacional fixa... onde não pagam impostos, ou seja, nos paraísos fiscais que existem por todo o mundo. As multinacionais, de facto, poderão deslocalizar a produção por razões que têm a ver sempre com a maximização do lucro, mas às vezes com relações perversas. Quando uma multinacional anuncia despedimentos, normalmente as acções sobem. Portanto, esta gestão dos despedimentos, a gestão do fecho de unidades fabris, muitas vezes não tem por detrás razões económicas. A Opel na Azambuja era das unidades mais produtivas da Europa, por razões várias, mas não foi propriamente a razão da competitividade ou da produtividade que levou a transferir basicamente a produção da Azambuja para Saragoça. Foram razões de carácter económico e de carácter social. É neste quadro que, de facto, há que tentar actuar. E tentar actuar sabendo que hoje as economias são abertas, sabendo que as empresas, as exportadoras, competem nos mercados internacionais, mas as que produzem para o mercado interno também, competem com empresas internacionais que também vendem no mercado interno. Hoje, portanto, a competição é feita num mercado muito mais aberto, e não se pode, de facto, gerir e pensar apenas a intervenção sindical tendo presentes as relações de poder dentro da empresa. Tem também que se pensar que só uma empresa saudável é que produz bons empregos. Não quer dizer que uma empresa lucrativa produza bons empregos, mas se não for lucrativa basicamente os empregos estão ameaçados, não são adequados.

Uma das grandes lutas do movimento sindical que hoje ganha cada vez mais força, cada vez mais expressão, desde logo no quadro da Organização Internacional do Trabalho, é a luta por um trabalho digno, uma luta que tem uma dimensão mundial mas tem também uma dimensão local. E o que é o trabalho digno? O trabalho digno é um trabalho com direitos, é um trabalho com protecção social, é um trabalho também com diálogo social. Um diálogo social seja no quadro da empresa, a negociação colectiva, bipartido ou tripartido, são, de facto, as características básicas do chamado trabalho digno, de um trabalho decente! Desafios hoje em Portugal? Eu acho que o primeiro desafio tem, realmente, a ver com este conceito de um trabalho com condições adequadas. Um trabalho digno, neste aspecto, de um trabalho estável, de um trabalho qualificado, de um trabalho em que os direitos dos trabalhadores sejam respeitados, de um trabalho em que haja por parte da empresa um respeito pela participação dos trabalhadores, mas também respeito pelas condições de trabalho oferecidas aos trabalhadores. É evidente que neste quadro do trabalho, nomeadamente os trabalhadores terem direito a um nível adequado de protecção social, temos que ter presente hoje um dos grandes problemas com que nos confrontamos em Portugal é o do envelhecimento da população.

O envelhecimento da população, que é basicamente um problema europeu, um problema das sociedades mais avançadas, tem a ver com uma coisa boa, o aumento da esperança média de vida, as pessoas vivem mais anos. Mas depois também tem a ver com uma coisa má, que é uma grande quebra da natalidade nos países europeus. Aliás, fala-se muito hoje da China como grande potência mundial, mas a China dentro de poucos anos deixa de ser o país mais populoso do Mundo. E a que é que conduz este problema do envelhecimento da população? Bem, o envelhecimento da população conduz a uma grande pressão sobre os sistemas de protecção social, da saúde, mas sobretudo na área da protecção social. Na área da protecção social, na medida em que há menos activos a contribuir para o sistema e há mais reformados para receber reformas do sistema. E isto para dizer que hoje também quando se fala em trabalho digno, no conjunto do mundo é o direito à protecção social, no conjunto da Europa é a defesa e a preservação dos nossos sistemas de protecção social que são relativamente avançados. Mas que têm que ter bem prevista, têm que ter condições adequadas de sustentabilidade financeira. Se nós ignorarmos a sustentabilidade financeira, nós estamos a favorecer o "salve-se quem puder". É fundamental preservar os sistemas de protecção social e para isso é fundamental pensar numa perspectiva de médio/longo prazo porque estão a ocorrer as mudanças demográficas e outras. E dentro das outras é fundamental também pensar: quando pensamos nos sistemas de protecção social estamos a pensar na relação dos activos com os pensionistas ou reformados. Para os activos não são só aqueles que nascerão no futuro, são aqueles que trabalham, são os imigrantes. Os imigrantes dão uma contribuição decisiva relativamente à sustentabilidade financeira do sistema. Aliás, nesta matéria, eu diria que, em Portugal, o movimento sindical sempre teve uma posição bastante aberta relativamente à imigração, defendendo a integração legal, a integração dos imigrantes, e as várias políticas ligadas com essa integração, mas uma posição relativamente aberta. Mas, por exemplo, países que durante muito tempo foram altamente favoráveis à imigração e até líderes na defesa dos direitos humanos em todo o mundo, como os países nórdicos, justamente por causa de problemas da segurança social, aproximaram-se dos países mais restricionistas. Mesmo em termos sindicais, assumem claramente uma posição anti-imigração, por acharem que põe em causa os sistemas de segurança social. A nossa análise é muito ao contrário, num país com uma população envelhecida como o nosso, é fundamental que haja mais gente a trabalhar e mais gente a trabalhar, se não são crianças nascidas, portanto, venham os imigrantes. Evidentemente que a política de imigração também consideramos que não é só isto, a imigração tem muitas outras dimensões, incluindo uma dimensão de cooperação. Portanto, são estas algumas questões: a luta por um trabalho digno, a luta pelo respeito pelos direitos dos trabalhadores, os direitos dos trabalhadores considerados na lei e nos contratos.

Outra questão importante (relacionada com a anterior) é a da preservação do nosso modelo social. Sabendo até que estamos integrados numa área mais vasta, que é a área da União Europeia, é importante o respeito por um Modelo Social Europeu, um modelo criado e que está quase na génese da União Europeia... embora quando se fala, às vezes, na dimensão social europeia temos que ter presente que a dimensão social europeia pouco tinha a ver com políticas europeias, era basicamente o que os diferentes Estados tinham em comum. Mas o alto nível de protecção social foi e é um factor básico de competitividade. Quando alguns dizem que "é fundamental privatizar os sistemas de segurança social para garantir melhores condições de competitividade às empresas", nós podemos dizer que é exactamente o contrário. É exactamente o contrário! O país que mais gasta com a saúde é os Estados Unidos, mas enquanto que a Europa gasta com a Saúde, 8,9,10 por cento do PIB, no máximo, normalmente anda nos 8,9 por cento do PIB, os Estados Unidos gastam 14 por cento do PIB com a Saúde. Mas nos Estados Unidos há 30 e tal milhões de cidadãos que não têm acesso a cuidados básicos de saúde. Portanto, têm das melhores saúdes do mundo, para alguns, não para todos.[1] E é uma saúde altamente dispendiosa. Portanto, quando as empresas me vêm dizer "nós não queremos este sistema de Serviço Nacional de Saúde porque realmente obriga a mais impostos", eu digo não, se fosse o cidadão individual a pagar, pagaria muito mais. Aliás, esta questão levanta também a discussão da privatização dos sistemas de Segurança Social... no conjunto da sociedade há políticas transversais, políticas essas que são fundamentais para o movimento sindical: a igualdade de oportunidades, a luta contra as discriminações, no geral, que é uma luta um pouco mais vasta do que a igualdade de oportunidades, a desigualdade de género, a desigualdade entre homens e mulheres.

Mas também dentro destas políticas transversais fundamentais está claramente a questão da educação e da formação. Nós estamos na Europa, nós hoje

---

[1] Acrescente-se, no entanto, que em 21 de Março de 2010 o Plano de Saúde Pública de Barak Obama foi aprovado na Câmara dos Representantes. A Lei aprovada dois dias depois veio obrigar cerca de 32 milhões de norte-americanos a terem seguro de saúde, prevendo ainda aumentos dos subsídios para a compra de medicamentos por parte dos idosos (nota dos organizadores).

estamos num quadro de globalização e o modelo de salários baixos está a ficar claramente ultrapassado. Portanto, o nosso quadro de competitividade resulta da capacidade dos nossos trabalhadores produzirem mais, melhores produtividades e isso só com o trabalho mais qualificado. Eu farto-me de repetir que os trabalhadores portugueses têm uma grande capacidade de adaptação à mudança, contrariamente a outros, por exemplo, dos países de Leste, que têm normalmente uma muito pequena capacidade de adaptação à mudança. Têm sistemas de educação de alto nível mas de formação de baixíssimo nível. Mas os trabalhadores portugueses normalmente aprenderam fazendo. Aprenderam, mesmo com baixos níveis de educação, eles são integrados em empresas bem geridas e rapidamente atingem altos níveis de produtividade, quer em Portugal, quer no estrangeiro, com os trabalhadores emigrantes integrados em unidades bem organizadas, bem geridas. Quando essa capacidade dos trabalhadores portugueses está sustentada por um alto nível de educação, por uma boa qualificação profissional, é evidente que aí teremos a vantagem competitiva natural. Não é na base dos baixos salários que nós temos condições para competir, é na base de um trabalho cada vez mais qualificado. E o trabalho cada vez mais qualificado é uma componente fundamental para a questão do trabalho digno, para a questão de um trabalho com direitos. Os alemães introduziram esta questão do "bom trabalho"...

Em resumo, diria que a defesa do modelo social europeu é qualquer coisa de básico, não só como defesa de direitos, mas também como qualquer coisa de básico em termos de melhoria da competitividade da nossa economia e dos nossos salários e também por uma questão que tem a ver com o respeito pelos direitos. E quando falamos no respeito pelos direitos há sempre que colocar esta questão: os direitos são fixados pela legislação ou pela negociação? Nós temos uma certa tradição legislativa, felizmente, embora muitas vezes nós liguemos às lacunas e às deficiências da negociação. Mas há que procurar o reforço da negociação colectiva, e muitas das questões têm que ser fixadas pela negociação e não propriamente pela legislação. Mas não podemos ignorar este facto: é que também há muitos trabalhadores que não são abrangidos pela negociação e a única protecção que podem ter é-lhes dada pela legislação. Esta dicotomia entre legislação e negociação é permanente na sociedade, é qualquer coisa que temos que ter presente, sendo cada vez mais necessário reforçar o direito à negociação.

Infelizmente, em Portugal temos um altíssimo grau de flexibilidade, por maus motivos, porque temos um altíssimo grau de precariedade. Aliás, quando em Portugal há uma crise económica no dia seguinte o desemprego aumenta.

Nos restantes países europeus há sempre um desfasamento de seis meses, nove meses, um ano, entre uma crise económica e, de facto, o aumento do desemprego, precisamente porque o sistema demora mais a reagir. O nosso sistema não reage pelos maus motivos, pela grande dualidade do mercado de trabalho, justamente pelo alto nível de precariedade. Portanto, temos que ter isto presente neste quadro da globalização. É evidente que as empresas têm que saber adaptar-se à mudança. E para se adaptarem à mudança só há dois métodos: a chamada flexibilidade externa, os despedimentos, ou a flexibilidade interna, procurar adaptar os fluxos de trabalho, procurar organizar melhor a produção para responder à mudança no seio dos mercados. Antigamente uma empresa produzia o mesmo todo o ano porque estava a produzir para *stock* e era do armazém que iam as coisas para o mercado. Hoje já não produz para *stock*, produz directamente para os mercados. Se tem encomenda produz, se não tem encomenda não produz. E portanto há grandes variações da produção num grande número de empresas ao longo do ano. Temos que procurar mecanismos de adaptabilidade, mas dizemos de adaptabilidade negociada das condições de trabalho. O problema da organização do tempo de trabalho, o problema da melhoria das qualificações profissionais associada a uma maior polivalência de funções, certas mobilidades no interior da empresa, mas rejeitando que a adaptabilidade seja feita por via da diminuição dos efectivos, ou seja, por via dos despedimentos, mesmo que seja num quadro de respeito pela lei, nos despedimentos colectivos. Muitas vezes as empresas dizem: "nós temos uma grande rigidez de trabalho em Portugal porque os despedimentos sem justa causa são proibidos". Mas depois vamos ver as leis estrangeiras e os motivos para o despedimento em Portugal com justa causa são os mesmos que estão na legislação estrangeira... os despedimentos individuais. É evidente que, em Portugal, tem que haver uma justificação para o despedimento, tem que haver uma razão objectiva, não pode haver um acto puramente persecutório perante os trabalhadores. Há um reforço da autoridade dos empresários dentro das empresas, que não é autoridade é autoritarismo. E nós nos despedimentos colectivos temos uma lei que é das mais liberais da Europa. No despedimento individual, temos uma lei restritiva, mas não é restritiva tanto nos motivos para despedimento, na maneira como se fazem os despedimentos. Há que discutir, mas claramente no quadro do respeito pelos direitos dos trabalhadores e claramente no caso da proibição do despedimento sem justa causa.

 A acção sindical cada vez mais tem uma dimensão local e uma dimensão internacional. Hoje o movimento sindical organiza-se, nomeadamente a nível mundial: existe a Confederação Europeia de Sindicatos (CES), no quadro da

União Europeia; existe a Confederação Sindical Internacional (CSI), uma grande confederação mundial agrupando sindicatos diversificados em todo o mundo, representando cerca de 170 milhões de trabalhadores sindicalizados; os sindicatos também se associam nas federações sindicais europeias; os sindicatos também se associam nas federações sindicais mundiais. Portanto, é isto um pouco a rede sindical, são estas as estruturas mais importantes. A CES é fundamental justamente para nos defender e para defender o modelo social europeu e as políticas europeias, porque cada vez mais as políticas europeias condicionam as políticas nacionais. Muitas das coisas que passam em Portugal são condicionadas pela Europa, eu diria que, infelizmente, não tantas quantas desejaríamos. Uma luta do movimento sindical é, claramente, acabar com a regra da unanimidade que existe ainda na aprovação de muitas directivas de carácter social na União Europeia. Já acabou a regra da unanimidade na área da higiene e segurança no trabalho. A Europa tem uma legislação extremamente avançada em higiene e segurança no trabalho. Em Portugal também temos uma legislação avançada, às vezes não é cumprida! Mas há muitas directivas, por exemplo, o problema da mobilidade ligada aos fundos de pensões: se eu tiver um fundo de pensão num país e se for trabalhar para outro país mantenho os direitos ao fundo de pensão que tinha, como é que isto se joga? Uma directiva que há muito tempo anda para ser aprovada, o problema da organização do tempo de trabalho, permite, por exemplo, com o *opting out* britânico que em Inglaterra possam existir horários continuados de 78 horas semanais, o que é claramente imoral. Quer dizer, há situações, por exemplo, o problema das agências temporárias de emprego, a luta sindical pela directiva de prestação de serviços, que foi uma vitória mas há que consolidar essa vitória, e os últimos debates até decisões do Parlamento Europeu põem em causa. Mas isto também é a nível mundial. E a nível mundial acho que, de facto, quando analisamos a globalização há um efeito extremamente perverso. A livre circulação de capitais transforma um pouco o mundo num gigantesco casino, porque os capitais que circulam pouco têm a ver com trocas de bens ou de serviços ou até com investimento. A maior parte tem a ver com pura especulação que põe em causa economias de países e que faz com que o capital seja extremamente difícil de controlar. Portanto, é necessário regular a globalização, é necessário, de facto, criar um quadro adequado a nível mundial que garanta as cláusulas sociais, as cláusulas ambientais dos acordos do comércio internacional. É necessário, de facto, haver uma globalização diferente e isso implica o movimento sindical internacional.

Para terminar quero dizer que acho que os sindicatos também estão a mudar. Têm mudado significativamente nos últimos tempos e às vezes não se dá tanto por isso. Dizem que há problemas na sindicalização, em muito ligados, sobretudo na área dos jovens, ligados com a precariedade dos vínculos laborais. Também muito ligados a muitas atitudes anti-sindicais. E temos também que ver no quadro europeu, embora não tanto recentemente, que o movimento sindical se consolidou com governos que foram claramente favoráveis à existência de um movimento sindical forte em termos de uma estrutura fundamental da construção da própria democracia, nomeadamente em termos de regulação social. Em Portugal, infelizmente, nunca tivemos essa fase de governos favoráveis, com atitudes pró-sindicais. Os sindicatos vivem das suas contribuições, são independentes financeiramente, mas prestam serviço à comunidade. A negociação colectiva abrange o conjunto dos trabalhadores. Por exemplo, o caso do SAMS, não foi qualquer benesse do Estado que resultou da negociação colectiva, mas nos muitos países nórdicos a gestão do subsídio de desemprego foi entregue aos sindicatos e é um instrumento fundamental de sindicalização e outros que, de facto, podíamos contestar em Portugal. Portanto, não há uma atitude pró-sindical.

A segunda questão é a necessidade de reestruturação do movimento sindical. Falou-se aqui da federação do sector financeiro, que é um momento importante. Tem havido algumas reestruturações, mas nós ainda temos um aparelho que é basicamente o do mundo corporativo. Teoricamente temos quatrocentos e tal sindicatos, mas na prática, fazendo negociação colectiva e existindo de facto, não existirão aí mais de 200! Temos uma estrutura extremamente pulverizada, temos sindicatos que cobrem um dado conjunto de trabalhadores mas que não têm meios humanos ou materiais que prestem, que possam prestar, cobrir o sector que representam, nomeadamente em termos de negociação colectiva.

É necessário também, realmente, reforçar os mecanismos de participação. Houve e há factos positivos a nível europeu. Já foram aqui referidos os comités de empresa europeus e a nível nacional. E há conquistas que estão a ser postas em causa. Tenta-se, hoje, por vias enviesadas, quase que destruir as estruturas de representação dos trabalhadores em termos de higiene e segurança no trabalho. Há que reforçar os mecanismos de participação na empresa mas também há que reforçar os mecanismos de democracia interna nos sindicatos. E se, de facto, os sindicatos muitas vezes têm dificuldades em fazer as reuniões necessárias para essa democracia interna, hoje também a nova sociedade da informação dá novos meios que têm que se ter presentes. Não é possível os sindicatos continuarem a fazer negociação, os sindicatos serem informados, os trabalhadores serem informados dos resultados da negociação mas não participaram minimamente nas decisões que foram tomadas durante o processo negocial. Portanto, todo o processo que leva à tomada de decisões tem que ser claramente alterado. Por isso acho que, de facto, há um esforço de sindicalização.

E só uma referência final que também era uma pergunta: é evidente que em Portugal os trabalhadores sindicalizados são sobretudo os trabalhadores permanentes. Alguns sindicatos até proíbem a sindicalização de trabalhadores precários, mas são excepções, não é a regra. Mas os trabalhadores precários têm grande dificuldade de sindicalização, até porque têm receio. Normalmente não pagam a quota por via da empresa, pagam a quota directamente, têm receio das consequências negativas. E os trabalhadores desempregados ainda muito menos. Muito poucos trabalhadores desempregados são sindicalizados, muito poucos sindicatos defendem directamente os trabalhadores dessindicalizados. Os sindicatos defendem claramente como questão central (e hoje em Portugal ainda mais central do que nunca) a questão do emprego, a questão do direito ao emprego, o combate ao desemprego, as políticas de emprego, as políticas ligadas à segurança social, à protecção social e abrangem um grande número de trabalhadores, mas não estão directamente filiados. E há outro grupo que é um grupo muito, muito grande em Portugal que de facto está completamente ausente da sindicalização, até por proibição da Lei: os sindicatos não podem representar os trabalhadores autónomos! É outra questão que tem de ser discutida. Foi dado o exemplo da Holanda, mas aqui na vizinha Espanha a UGT tem a União de Trabalhadores Autónomos para defender os trabalhadores autónomos. A Espanha ainda há poucos dias aprovou uma lei extremamente avançada relativamente ao trabalho autónomo, por luta, justamente, do movimento sindical. Portanto, há que ver estas questões, mas hoje a precariedade é algo que, de facto, afecta profundamente a competitividade. Hoje cada vez mais a aposta da qualificação profissional é fundamental para a competitividade. O trabalhador precário é um trabalhador que não sabe qual é o seu amanhã, quer dizer, como é que a empresa o apoia na formação, não apoia! Como é que o trabalhador procura formação não tendo qualquer indicação até muitas vezes em termos de empregabilidade? Há grandes dificuldades. A precariedade é contra a produtividade. Os países que têm mais altos índices de precariedade, com a única excepção dos Estados Unidos, são países com os mais baixos níveis de produtividade. Nós temos que combater claramente a precariedade, por questões de justiça social mas também por razões que têm a ver com a defesa de um modelo que é fundamental para o desenvolvimento do país. Portanto, os sindicatos têm muito que fazer, os sindicatos estão fazendo muitas coisas mas é evidente que há muito que questionar no movimento sindical e daí saudar também a existência deste debate.

Muito obrigado.

CAPÍTULO 6
EM REFORÇO DA CENTRALIDADE DO TRABALHO

Manuel Carvalho da Silva (Confederação Geral dos Trabalhadores Portugueses)

Boa tarde. Quero saudar os organizadores do debate, saudar todos os presentes e agradecer o convite. É com muito gosto que estou aqui. Vou procurar, de forma o mais sintética possível, colocar algumas questões e ver se ainda fica algum espaço para conversarmos um bocado.

Peguei neste folheto que o professor Elísio Estanque me deu e que enuncia e apresenta o debate, e seleccionei algumas questões aqui presentes.

A primeira diz: "multiplicam-se as opiniões e as dúvidas sobre a capacidade de renovação e consolidação do sindicalismo". Como sabemos, é recorrente a expressão da crise do sindicalismo e eu, respondendo a este primeiro questionamento, gostava de deixar dois conjuntos de considerações. Será o sindicalismo – ou só o sindicalismo – que está em crise? As dúvidas são sobre o sindicalismo ou as dúvidas são sobre os caminhos percorridos e sobre as alternativas a seguir pela sociedade para responder aos problemas com que nos debatemos? O que está efectivamente em crise para nos centrarmos no fundamental dos problemas e vermos onde é que podemos e devemos agir? Há uma crise do sistema e o sindicalismo está nele, embora também contestando-o. O sindicalismo é obreiro da construção e da reformulação de solidariedades e de coesão social. O sindicalismo trabalha a afirmação de direitos (direitos/deveres) relativos ao trabalho, direitos individuais e colectivos e o trabalho continua a ser a actividade fundamental para a integração dos cidadãos na sociedade de hoje. Nós podemos identificar dimensões da crise na construção de solidariedades, crise na construção do colectivo, e o sindicalismo é sustentado nesse apelo ao colectivo. Ora é a construção e a acção de muitos colectivos que está em crise, desde o Estado a muitos outros. Mas uma das expressões da crise violenta é a desfocagem do valor do trabalho e do lugar do trabalho. Por exemplo, há todas as razões para se remunerar, para se retribuir o trabalho com valorização. Mas, entretanto, assistimos a uma pressão no sentido da diminuição da retribuição do trabalho, quer pelo aumento de horas de trabalho, quer pelo não pagamento das horas extras, do trabalho nocturno e do trabalho suplementar. Por mil formas reduz-se a retribuição do trabalho. O sindicalismo sustenta-se na valorização do trabalho e dos direitos que dele emanam. As relações de forças existentes na sociedade não estão a permitir que essa acção dos sindicatos tenha vencimento.

Permitam-me agora chamar a atenção para uma outra coisa que o folheto refere: a indiferença das pessoas. Mas é a indiferença em relação ao sindicalismo ou são indiferenças em relação a um conjunto de outros factores na sociedade? Porquê essa indiferença?

Olhando o comportamento dos trabalhadores e de outras camadas na sociedade portuguesa, vemos muita gente com grandes condicionalismos resultantes de factores múltiplos como, por exemplo, os baixos níveis salariais médios e de rendimentos das famílias.

Estes factos ocorrem numa sociedade com estilos de vida que substituem a realidade pelo imaginário e impõem o cruzamento do individualismo institucionalizado com uma dinâmica de consumismo, que apela às pessoas a ficarem dependentes, a terem que se submeter em absoluto aos ditames do consumo, condicionando-lhes a intervenção na sociedade. Por outro lado, as limitações associadas às precariedades no trabalho e na vida deixam as pessoas carregadas de problemas. Muitos portugueses hoje não só já não participam, como nem sequer reflectem sobre os seus problemas. Andam a fugir da vida, andam a fugir dos seus problemas, não têm coragem de os assumir. Isto é uma situação característica de uma fase de crise da sociedade. É a causa primeira de um certo carácter abúlico que marca a sociedade portuguesa e que se manifesta em todos os planos.

Penso que o sindicalismo está aí, está para se afirmar e reafirmar. Paul Krugman surge, recentemente, a chamar a atenção para o facto de os sindicatos terem um papel importante nas saídas para a situação em que nos encontramos. Diz ele que é preciso revitalizar o sindicalismo. Na Alemanha debate-se a revitalização do sindicalismo, nos Estados Unidos discutem-se causas fundamentais do sindicalismo e vai haver um re-chamamento da importância do sindicalismo em muitas latitudes. Há uma semana e meia, no dia 11 de Janeiro, num debate organizado pela Fundação Mário Soares em que participámos – o Professor Elísio Estanque também lá esteve – o Secretário-Geral da Confederação Sindical Internacional, uma das observações que deixava era esta: estamos chamados a construir uma alternativa porque, ou construímos essa alternativa, ou isto vai dar muito torto. Portanto, pensemos nestas coisas num plano mais global. Numa análise da "crise" dos sindicatos feita de forma estreita pode cair-se, por um lado, numa desfocagem do lugar do trabalho e num distanciamento perigoso das causas do sindicalismo e do trabalho e, por outro lado, estar-se a pedir aos sindicatos coisas que eles não podem dar, porque são da responsabilidade de outros. Há hoje problemas laborais, sócio-profissionais, sociais que os sindicatos têm que trabalhar e poderá dizer-se que têm de encontrar melhores formas de se organizarem para lhes dar resposta. Mas muitos desses problemas já não terão solução só nesses planos, são questões de ordem política geral e até de sistema. É preciso algum cuidado com os apelos que se colocam aos sindicatos e aos sindicalistas. Já agora, lembremos que hoje ser sindicalista na base é um acto heróico, quer no sector privado, quer no público. Quem mete a cabeça para fazer sindicalismo no terreno sabe isso. E a experiência da CGTP-IN é esta: nós temos tido cerca de 10 a 15 mil activistas sindicais em toda a nossa estrutura, nos diversos sindicatos. Os que são sindicalistas a tempo permanente são apenas umas centenas muito reduzidas. A generalidade deles está nos locais de trabalho e aí há um crescente aumento de pressões, de repressão, de limitação nas carreiras profissionais, de ameaças de desemprego e de desemprego, quantas vezes!

Para responder a essa dúvida de saber se há ou não futuro para os sindicatos e se eles devem agir mais no global do que no local direi que os problemas são diversos. A acção deve ser global? Por mim digo que tem que ser nas dimensões todas. Estamos numa escola que tem até uma tradição de análise teórica sobre o global/local. Quando se discute é preciso ver as nossas condições de vida e de socialização. Elas são feitas no espaço onde estamos, embora com influências exteriores muito fortes. Mas é no local e nacional que temos de fazer o fundamental das reivindicações para termos onde habitar, para termos condições de transporte, para termos um salário que nos permita viver, para termos as coisas de que necessitamos na vida. Claro que essas condições também estão dependentes, como já o disse hoje, das políticas externas, dependentes das políticas europeias, dependentes da dinâmica da globalização, portanto, essa articulação de dimensões reforçou os condicionalismos em todas as escalas, mas não tomemos qualquer distracção sobre aquilo que nos é mais próximo. Temos os problemas locais, regionais, nacionais, globais, temos essas mudanças estruturais e organizacionais todas sobre o que andamos sempre a falar, temos alterações das formas de organização do trabalho e das formas de prestação do trabalho. Além disso, tenhamos presente que no estabelecimento das relações de trabalho, as questões fundamentais em última análise não estão em o trabalho durar mais ou durar menos, se tem mais polivalência ou menos, a questão central é se o trabalhador se coloca em pé de igualdade com o patrão para estabelecer as condições de trabalho em função do tipo de trabalho a que tem acesso. Esta é uma primeira questão para o sindicalismo a todos os níveis, mas a partir do concreto no local de trabalho.

Uma das coisas que o movimento sindical inevitavelmente tem que afirmar mais e também defender em acção europeia e global é a existência de um aparelho produtivo valorizado, de actividades não especulativas, de actividades de produção de bens e serviços úteis ao desenvolvimento da sociedade e associar a essa opção a valorização do trabalho. A dinâmica dominante destrói os valores do trabalho na mente das pessoas, como é evidente, e nos seus comportamentos os efeitos são monumentais.

É preciso acção e luta sindical global contra este fundamentalismo monetarista e financeiro que desvaloriza o trabalho profundamente. As multinacionais querem uma divisão social e internacional do trabalho que cilindre o papel da organização colectiva das sociedades que, até hoje, se referencia de forma mais forte nos Estados, mas que têm também outras expressões como é a Comunidade Europeia. Pelo facto de o mercado de trabalho ter certas dimensões globais – uma multinacional pode estar com uma unidade no Vale do Silício, outra em Condeixa, outra em Rostov, outra em Xangai, outra em qualquer ilha do Pacífico – dizem-nos que não há que haver protecções nacionais estabilizadas ou protecções europeias estabilizadas e, portanto, que é essa divisão pretensamente vertical, assente numa espiral regressiva de direitos, que tem de se impor!

Entretanto, existem quatro grandes questões que nos colocam (aos sindicatos) enormes desafios em todas as escalas: (i) o aumento da esperança de vida que tem de ser visto no trabalho de uma forma estruturada, desde o período pré-trabalho até ao fim do percurso de trabalho e no tempo da reforma; (ii) o aumento quantitativo e qualitativo das mulheres no trabalho que tem de ser tratado positivamente; (iii) o processo de migrações, com todas as suas implicações sociais, económicas, culturais e políticas; (iv) as novas exigências relativas a saberes e qualificações a adquirir ao longo da vida.

Estas questões marcam e marcarão mais a estruturação toda do trabalho e da sociedade. É preciso debaterem-se e agir-se à escala nacional e global para as tratar.

Há uma outra questão de fundo: a sociedade tem que dar centralidade ao trabalho. O trabalho tem uma dimensão económica, como é evidente, mas a concepção do trabalho/emprego que fomos construindo, em particular no último século, que levou à consagração dos direitos no trabalho, da projecção de conteúdos dos direitos do trabalho para os direitos sociais, e que deu substância e sustentação ao Estado Social, essa concepção de trabalho/emprego e as relações de trabalho que lhe estão associadas, têm dimensões económicas, mas têm também dimensões sociais profundas, têm dimensões culturais profundíssimas e têm dimensões políticas. Esta coisa de quererem submeter o trabalho e as relações de trabalho apenas aos paradigmas da economia e, ainda por cima, de cariz neoliberal, que nem sequer valoriza aquilo que é produtivo, não pode ser! Depois fazem-nos apelos no sentido de que o que é preciso é um sindicalismo pragmático, ou seja, um sindicalismo que se submeta aos paradigmas da economia, tal como o sistema dominante e os seus governos e poderes vão determinando. Este não é seguramente o futuro do sindicalismo.

O que dá força aos sindicatos? O que dá força aos sindicatos, desde logo, é a sua representação que implica sindicalização, mas também organização e, acima de tudo, direito de acção sindical. Os sindicatos precisam de autonomia, mas a base fundamental e primeira para os sindicatos serem autónomos é haver liberdade sindical. Garanta-se a liberdade sindical, deixem os trabalhadores poderem sindicalizar-se, no sector privado e no público, e poderem organizar-se, e não se preocupem com a representação e a autonomia sindical, porque os trabalhadores (seres humanos tão racionais como todos os outros) são capazes de definir o seu rumo e reduzir-se-ão os problemas de ingerências de qualquer ordem. Esta é a primeira condição, sendo claro que não é a única. Não se descriminem e não se reprimam os sindicalizados, dê-se liberdade à organização sindical e veja-se o caminho autónomo do sindicalismo a reforçar-se e a capacidade do sindicalismo a aumentar.

Os sindicatos precisam, dizia eu, de representação, de acção. Sindicalismo sem acção não é nada. Estamos na era dos *lobbies* e às vezes há *lobbies* que funcionam, que têm os seus efeitos, sim senhor, mas sindicalismo não é isto. O sindicalismo são os trabalhadores organizados para, pela acção, afirmarem os seus interesses, os seus direitos e para responderem aos deveres inerentes a esse quadro de interesses e direitos, interpretando interesses individuais e, acima de tudo, colectivos. Não nos esqueçamos que os direitos fundamentais, a contratação colectiva, o estabelecimento do horário de trabalho controlado pelas partes, o direitos do trabalho, não foram ofertas do capital, não foram pactuados na paz e no sossego de uma democracia que marchou submetida aos interesses de quem tinha o poder. Eles foram conquistas duras e elementos fundamentais da construção e da solidificação da democracia, mas impostos pela acção dos trabalhadores, pela luta colectiva dos trabalhadores, numa luta de classes entre o trabalho e o capital. Não nos esqueçamos disso, porque se não baralhamos tudo! Quando o legislador plasmou na lei (ao longo dos tempos e nos diversos países), expressões desses direitos, eles resultavam de dinâmicas no terreno. O Dr. Mário Soares até costuma utilizar muitas vezes a expressão: a democracia precisa de efectividade, se não, não é democracia. É isso! Portanto, no plano do mundo do trabalho, os sindicatos têm que ter acção constante e eficaz.

Há quem, amiúde, teorize sobre o sindicalismo de negociação e o sindicalismo de conflito. Esta separação é uma aberração! Eu sei que os orientadores deste curso não se situam nessa separação, mas temos professores universitários conceituados a usarem esta linguagem, como se a negociação/conflito, o conflito/negociação não fossem um todo da intervenção que está atribuída aos sindicatos. É preciso propostas, é preciso estratégias para as propostas, é preciso negociação, mas ai do sindicalismo ou do sindicalista que negar o conflito, ou que secundarizar o conflito. Não chega, de certeza, a bom porto.

Um outro tópico importante colocado por este Seminário, é o da situação dos trabalhadores precários, a sua organização e os posicionamentos dos sindicatos. Há sempre actividades, iniciativas, formas de organização e de acção sindical específicas que se têm que dirigir aos trabalhadores de acordo com as condições concretas em que eles estão, no que diz respeito aos vínculos de trabalho, ou de acordo com as faixas etárias e as características de trabalho que desenvolvem. Uma questão vital pata a construção de acção eficaz é encontrar-se factores de transversalidade que toquem todos os trabalhadores que é preciso envolver num processo. Na maior parte das situações, não é possível encontrar soluções para os trabalhadores precários, sem a mobilização dos não precários. Este é um desafio fortíssimo que nos leva a questionar muito qual é o estado da solidariedade entre gerações. Não é apenas pela organização ou acção dos trabalhadores que têm um determinado vínculo que encontraremos resposta. Ou conseguimos que os trabalhadores (desde logo os que estão mais atingidos pela precariedade)e a sociedade identifiquem os factores que relacionam a precariedade no trabalho com os condicionalismos inerentes às inseguranças, às precariedades todas da vida das pessoas e as levamos a perceber que há articulação e dependência entre o que se passa no trabalho e o que se tem fora do trabalho, ou não encontramos soluções. Mas a campanha do capital, a campanha dos poderes dominantes para separar e isolar o trabalhador e a sociedade numa análise parcelar é impressionante.

Há por aí um anúncio de um produto bancário interessante. Já tenho ouvido várias vezes: um jovem vai o primeiro dia trabalhar e não faz nada; ao segundo dia pouco faz e é automaticamente aumentado 20%. Porquê? A entidade patronal inscreveu-o como subscritor de um determinado produto bancário e os pressupostos benefícios desse produto "aumentam-lhe" o salário 20%

e ele continua sem fazer nada. Ora, a realidade não tem nada a ver com isto, é absolutamente o oposto. Primeiro, o jovem chega ao posto de trabalho e tem mesmo que trabalhar; segundo, os benefícios do produto financeiro são uma fraude; terceiro, os condicionalismos, as inseguranças do trabalho, da precariedade do trabalho, são directamente as causas das inseguranças, das precariedades, dadas as limitações da organização da vida dos jovens e de todos os outros trabalhadores.

Volto pois a alertar para a transversalidade de que falava há pouco e lembro que não há soluções para os jovens que não obriguem a equacionar todas as outras dimensões e complexidades do mercado do trabalho, por exemplo, como lidamos com os processos migratórios, com o aumento quantitativo e qualitativo das mulheres no trabalho, com o aumento da esperança de vida. É preciso reivindicações específicas dos precários e encontrar formas de organização, mas situar bem a sua acção numa luta que é muito mais ampla.

Como sabemos, esta sociedade institucionaliza o individualismo para responsabilizar as pessoas, individualiza-as previamente para elas não terem capacidade de reacção. Isto passa-se também com grupos/colectivos.

Para terminar, gostava de abordar aqui a questão da centralidade do trabalho. Alguns conhecem as minhas reflexões sobre isto, sabem que coloco o trabalho valorizado enquanto factor de produção, mas não só, acompanho essa componente de oito outras, que também permitem identificar as causas da mobilização dos trabalhadores. O sindicalismo tem que ter um espaço e uma acção próprias, não se dilui em outros movimentos sociais, mas tem de fazer alianças, exactamente porque essa centralidade do trabalho é ampla. Primeiro, precisamos de movimentos sociais a intervirem em muitas causas que se relacionam com o trabalho, segundo, de alianças e articulação de acção dos sindicatos com esses movimentos sociais. Entretanto, há outros movimentos, de carácter anti-sistémico que procuram pôr em causa este rumo do capitalismo e com os quais os sindicatos também têm que fazer alianças, porque a busca de alternativas urge, quer do ponto de vista das reformas do sistema, quer do ponto de vista de encontrar caminhos alternativos ao sistema.

No plano europeu eu comungo muito daquilo que o Eduardo Chagas disse sobre o movimento sindical – não será por acaso que a escola de origem dele é a CGTP-IN. O Chagas disse que o movimento sindical europeu está demasiado com "posições correctas" ... e que ele gostava que estivesse "menos correcto" e mais instabilizador. O movimento sindical não pode abdicar de uma influência nas decisões macro-económicas e nas decisões políticas. Só há espaço para o social se este for conquistado previamente, exactamente quando são determinadas as grandes soluções do ponto de vista macro-económica ou do ponto de vista político. Não é depois que se vai arranjar espaço para o social, para as reivindicações dos trabalhadores.

Uma outra questão é a dos interlocutores dos sindicatos. Há quem diga que os sindicatos agora já não têm a quem se dirigir na formulação das suas reivindicações. Mas eu digo, ai têm, têm! A quem é que nós temos que dirigir as nossas reivindicações? Desde logo às entidades patronais! Esta "treta" de que agora já não há patrões, só há accionistas como se os accionistas não fossem os detentores do capital é uma ilusão. Eles são entidades patronais que desvalorizam o trabalho, fazendo perder o emprego a muitos trabalhadores para se apropriarem de lucros desmedidos. Entretanto, os gestores que surgem a substituí-los têm que ser "apertados", sem esquecermos os donos concretos das empresas. Recentemente estamos a viver em Portugal alguns escândalos que nos devem fazer pensar e agir. É tempo de nos levantarmos! Não podemos aceitar que haja indivíduos que todos os dias nos receitam sacrifícios e desemprego, para o privado e para o público, que argumentam "cientificamente" a "necessidade" de não haver aumentos salariais, enquanto eles, e em particular os accionistas que representam, amontoam fortunas. Isto não pode continuar impune e só é possível porque há um conluio. Há grandes accionistas que pagam aos gestores principescamente, desmedidamente, a troco de jogos, de benefícios que estes lhes permitem para enriquecimento fácil. Hoje muitas empresas do sector produtivo também estão engajadas para a especulação financeira e, portanto, não ligam à dinâmica, aos objectivos daquilo que deveria ser a sua essência relacionada com as actividades e produtos para que estão estruturadas. Temos que continuar a dirigir reivindicações aos patrões, temos que dirigir reivindicações ao poder financeiro e aos grandes grupos, porque se não eles auto dispensam-se, quer de contribuir para os orçamentos de Estado, quer da responsabilização da negociação com os actores colectivos na sociedade. Precisávamos de um movimento sindical fortíssimo no sector financeiro, que instabilizasse as práticas patronais do sector. Claro que a acção não pode ser só aí, tem de ser também nos outros sectores todos, porque os bancários sozinhos não conseguem resolver o problema.

É preciso denunciar, afrontar, reivindicar, negociar, lutar. Há que impor regras às multinacionais, no plano nacional, europeu, mundial. Esse é um dos combates maiores. Temos também que apresentar reivindicações ao Estado e às instituições da União Europeia! E temos que apresentar reivindicações às organizações mundiais! Portanto há destinatários para as reivindicações dos trabalhadores e eles estão nestes planos todos.

Repito, não se queira que o sindicalismo responda, só por si, aos problemas com que se depara o mundo do trabalho. É tempo de a sociedade portuguesa acordar e de se mobilizar para uma maior intervenção social e maior intervenção política, colocando exigências e responsabilidades ao poder económico, ao poder político. E os governos têm de responder sobre as questões concretas inerentes à organização do trabalho e aos direitos dos trabalhadores. Há que colocar na agenda política a exigência de governação política em favor dos trabalhadores e do povo e não em favor da acumulação de capital apenas por alguns.

Obrigado.

CAPÍTULO 7
DEBATE COM SINDICALISTAS[1]

AAVV

Elísio Estanque (CES/FEUC)
Bom, o sindicalismo tem as costas largas. O sindicalismo, como grande representante da sociedade civil, pode ou não pode promover e estimular o trabalho e a intervenção organizada da própria sociedade civil fora dos sindicatos?
Está aberto o debate. A partir deste momento aceito inscrições. Suponho que o meu colega Hermes Augusto Costa tinha preparado também ali duas ou três questões para colocar, mas estão abertas as inscrições.

Hermes Augusto Costa (CES/FEUC)
Muito boa tarde a todos. Queria também agradecer a vossa presença e o facto de terem aceite o convite para estarem aqui presentes. Eu vou só lançar três ou quatro notas e depois, obviamente, o debate continuará. E vou colocar uma questão a cada um dos oradores, embora qualquer um deles certamente possa responder a qualquer das questões. Enfim, o nosso desafio aqui, o subtítulo deste seminário era "crise, consolidação ou renovação". Por isso, farei uma questão sobre a crise do sindicalismo, uma questão sobre a consolidação e uma ou duas questões sobre a questão da renovação ou das respostas. Relativamente à primeira questão, a ideia de crise, talvez mais para o Manuel Carvalho da Silva, uma vez que abordou directamente essa questão. É sabido que em muitas das análises que são feitas por estudiosos e analistas se têm identificado vários sinais de crise do movimento sindical: a questão da desagregação de interesses, a questão da quebra de laços de solidariedade, a questão da quebra da sindicalização e por aí fora. Admitindo que a crise de facto existe, o que eu pergunto é qual é o sinal de crise que mais tolhe o dia-a-dia do sindicalista? Que mais efectivamente é sentido pelo sindicalista no seu dia-a-dia ou, se quiser de outra forma, em que sectores ou em que domínios da sociedade têm os sindicatos mais dificuldade em fazer ouvir a sua voz

---

[1] O estatuto dos vários intervenientes no debate (sindicalistas e público) corresponde ao momento da realização do seminário que serviu de base a este livro (Janeiro de 2008).

e, portanto, as suas reivindicações? E recordo que um dos temas ou um dos sub temas do lema do XI congresso da CGTP é, justamente, "mais força aos sindicatos". Falar em mais força aos sindicatos ou pedir mais força aos sindicatos significa implicitamente reconhecer que eles têm pouca força e que, portanto, estão em crise?

Segunda questão, mais para o João Proença, talvez mais relacionada com a questão da consolidação. Um dos teóricos europeus mais conceituados do estudo dos movimentos sindicais e das relações laborais, Richard Hyman, publicou um livro no início desta década onde, ao abordar o tema dos sindicatos e a questão dos sindicatos, dizia que os movimentos sindicais na Europa podiam ser analisados segundo três imagens: uma imagem de *mercado*, isto é, a ideia de que os sindicatos são actores que actuam no mercado de trabalho e portanto se preocupam com a vertente do emprego, ou seja, seria uma análise mais economicista, no sentido em que há mais consciência do emprego do que propriamente consciência de classe; por outro lado, uma imagem de *classe*, como o Carvalho da Silva aqui referia há pouco, isto é, os sindicatos são um veículo de luta anti-capitalista e, portanto, de luta de classes; e a terceira imagem ou a terceira figura associada aos sindicatos seria a ideia de que eles seriam, reflectiam uma imagem da *sociedade* e, portanto, seriam agentes de integração social e responsáveis pelo diálogo na sociedade civil. O que eu pergunto é qual destas imagens está hoje mais presente na vida dos sindicatos? A imagem do actor económico, do actor de classe ou do actor de sociedade? Ou eventualmente, combinadas essas várias imagens?

No que diz respeito à terceira palavra-chave do nosso seminário a questão das respostas, agora para o Carlos Silva, que falou aqui muito dum tema que é a fusão dos sindicatos. No fundo, fala-se tanto na fusão de empresas e aqui a questão é saber se o tema da fusão e da recente fusão que foi por vós feita no sector bancário pode ser vista mais como sinal de ajustamento defensivo do movimento sindical ou se é efectivamente uma reforma estratégica? Uma vez que, inclusive, penso que referiu que as negociações para essa fusão levaram cerca de 30 anos ou que havia negociações um pouco longas sobre esse ponto.

Por último, para o Eduardo Chagas, enfim, um tema que também se falou aqui muito. Que os sindicatos precisam de acção. Eu pergunto se, por exemplo, o movimento sindical tem condições para apostar no sindicalismo electrónico? Isto é, se o sindicalismo electrónico, se o *e-sindicalismo* é uma arma que é eminentemente internacional, que pode ser accionada a partir do local? Alguns analistas dizem que o *e-sindicalismo* seria a V Internacional Operária (depois de quatro Internacionais) e que a verdadeiramente global, passe o pleonasmo, seria esta. Portanto, o que pergunto é se o *e-sindicalismo* tem essa possibilidade? E já agora, uma outra nota ainda: o que é que pode a Confederação Sindical Internacional trazer de novo, não relativamente a esta questão do *e-sindicalismo*, mas trazer de novo no plano sindical europeu e mundial que possa, efectivamente, suscitar novas adesões de organizações que ainda lá não estão presentes.

E passaria agora a palavra a quem quisesse fazer mais intervenções.

Hector Costa (mestrando da FEUC)
Muito boa tarde, senhoras e senhores. Sou mestrando em sociologia, muito apaixonado pelas questões sindicais, laborais e políticas, etc. Não vou fazer uma pergunta mas vou lançar uma réplica ao doutor Carvalho da Silva, que usou uma premissa que, do meu ponto de vista, é bastante perigosa nesta fase de transição. O senhor disse que o ser-se sindicalista é um acto heróico. Eu vou refutar isso. Ser-se sindicalista não pode ser um acto heróico. Tem que ser um acto edificante, como disse Boaventura, ser-se sindicalista, ver sindicalismo como acto heróico, mata, escarnece a participação. Ver o sindicalismo como um acto heróico, asfixia toda a lógica subjacente ao sindicalismo.

Como dizia um filósofo do século VI a.c., Heraclito, nunca nos banhamos duas vezes na mesma água do rio e a mensagem subjacente a esta premissa do Heraclito é que as sociedades são como rios, vários rios e os actores sociais, neste caso concreto os sindicatos, devem, de facto, acompanhar o curso desse rio, devem acompanhar o curso dessa transformação. Nunca se pode navegar à revelia dessa transformação, caso contrário, pode soçobrar-se, como dizia o Marx, pode-se soçobrar no ar. Perante o que foi aqui dito, eu enquanto estudante de sociologia, mestrando em sociologia, já identifiquei três ou quatro problemas, já identifiquei quais os males do sindicalismo português: uma das questões é a linguagem, é o discurso, é preciso mudar o discurso. Adequar o discurso às dinâmicas sociais, às metamorfoses sociais, como dizia Robert Castels, adequar o discurso ao devir, como dizia o Heraclito.

Muito obrigado.

Elísio Estanque
Aceitam-se mais uma ou duas questões, para já. Aproveitem a oportunidade.

Nuno Ivo Gonçalves (SNESUP)
Boa tarde, eu sou dirigente de um sindicato independente, não filiado nas confederações. Os senhores secretários-gerais conhecem-me, sou de um sindicato, o Sindicato Nacional do Ensino Superior (SNESUP), que tem usado um bocadinho não sei se sindicalismo electrónico, mas que tem estado muito presente na *Internet* nos últimos tempos. Eu queria denunciar telegraficamente algumas dificuldades que nós sentimos neste momento. Primeiro, há muitos docentes do ensino superior e investigadores, mas sobretudo docentes, que não distinguem bem o que é um sindicato, o que é uma direcção-geral de um Ministério, o que é o poder, na medida em que dirigem as perguntas mais diversificadas que deveriam dirigir à administração pública (que está convenientemente ausente e por isso é que há autonomia), mas que dirigem ao sindicato como se houvesse alguma coisa que eles deviam saber mas só o sindicato é que sabe. Isso é um fenómeno muito curioso que mostra que o poder recua, o poder deixa um espaço e depois é caso para saber se o sindicato pode ocupar ou não esse espaço ou se deve. A segunda coisa que se nota são algumas expectativas muito elevadas que, quando há esse sindicalismo electrónico, depois as pessoas esperam que os sindicatos resolvam as suas situações concretas, sobretudo nos locais de trabalho. Digamos que temos tido um influxo de sócios, enfim, interessante, mas encontramos muitos sócios que julgam que o sindicato tem a arma que resolve o problema, o que significa não ter em conta a debilidade real que os sindicatos têm numa série de terrenos. Terceiro fenómeno que gostava de dizer é o fenómeno do *free rider*. Não é a questão do medo da sindicalização, há muita gente que não se sindicaliza porque pensa que alguém fará as coisas por ele e não precisa de se sindicalizar para usufruir do benefício. Isso é um problema, aliás, muito persistente no sindicalismo na administração pública. Era só isto.

José Veludo (mestrando da FEUC)
Eu queria dizer uma coisa simples mas que me preocupa. Não vou aqui falar porque era outro seminário, até porque o Carvalho da Silva foi um dos que aflorou isso. Eu queria saber a opinião dos dois dirigentes sindicais das duas centrais (embora sejam os quatro dirigentes que aqui estão), mas eu quero referir-me exactamente às duas centrais sindicais, aos representantes máximos que aqui estão presentes. Está provado e ficou aqui dito, e até pelo que disse o meu colega da UGT do Sindicato dos Bancários do Centro, que o capital é que tem hoje os grandes lucros mundiais, só nas operações financeiras e não nas outras operações. O Carvalho da Silva referiu que, de facto, deixou

de se dar valor ao trabalho, ao valor do trabalho. Quando há trinta, quarenta, cinquenta anos atrás a produção de riqueza estava directamente ligada ao trabalhador. Por conseguinte, quem produzia muita riqueza tinha muitos trabalhadores. Ora, o sistema, para benefício de quem tem capital, foi alterado. Eu queria perguntar se não estão a pensar que um dos problemas (são muitos), mas se um deles não é que temos de mudar o sistema de impostos que descentralize também o sistema, ou seja, se a riqueza já não está directamente ligada à produção e aos trabalhadores, se não temos que criar um sistema fiscal que vá buscar o dinheiro exactamente à riqueza e não aos trabalhadores, que hoje já são uma pequeníssima parte do produto que se produz.

Por conseguinte, eu tenho andado a analisar isso, não vou aqui debater, se alguma das centrais quiser eu posso discutir com eles. Mas é preciso discutir um novo modelo de impostos, que o actual piorou com a alteração feita em Portugal, em 1989, que praticamente ninguém liga ao facto de o país ter deixado de crescer desde 89 para cá. Aliás, em 1989 não se reflectiu logo, só se reflectiu um ano depois, ou seja, é a reforma fiscal levada a cabo pelo governo de Cavaco Silva, e que começou a ter efeitos em 90, 91 e Portugal nunca mais foi o mesmo. Se não é altura do movimento sindical fazer uma proposta de um novo sistema, totalmente diferente, para penalizar ou, pelo menos, para cobrar o dinheiro onde ele de facto está.

Era só isto.

João Janeiro (mestrando da FEUC)
Muito boa tarde a todos.

De tudo aquilo que foi falado durante a tarde e pegando um pouco nas palavras do Eng. Eduardo, não foi dada muita atenção e foi sempre referido directa ou indirectamente, portanto, a questão tem a ver com o campo político. E era nessa perspectiva, e na parte da renovação, que eu iria fazer uma pergunta que gostaria que os quatros me respondessem. Qual é que será a possibilidade de, a partir dos sindicatos, se criarem listas de cidadãos independentes, seja à Assembleia da República, seja para o Parlamento Europeu, para terem uma maior influência no campo da decisão política e também como forma de intervirem mais directamente com as decisões que possam surgir?

Elizardo Scarpati (mestrando da FEUC)
Boa tarde a todos. Eu sou estudante de sociologia do mestrado aqui da Faculdade de Economia e vou fazer algumas perguntas para os quatro líderes sindicais. O capitalismo, por sua natureza, ele é um sistema que não permanece

muito tempo com uma economia estável a nível global, onde o crescimento económico se dá de maneira diferente, em determinados países, como é o caso, por exemplo, de Portugal e do Brasil. Nesse sentido, com essa nova crise que se apresenta neste exacto momento, uma crise que, até mesmo o mega-especulador, o George Soros, tendo em vista essa discussão que foi levantada também com relação ao trabalho produtivo e ao capital circulante, disse que se abre um período muito nebuloso, que nem mesmo na época da guerra do Iraque se assistiu a um período tão grande de crise a nível global do capitalismo como este agora. E isso é o mega-especulador falando. Então, eu gostaria de fazer a pergunta aos líderes sindicais, dentro dessa perspectiva, quem vai pagar a conta? Mais uma vez, como sempre, essa conta vai ser atribuída aos trabalhadores através da flexibilização, através da precariedade do trabalho? Como é que os líderes sindicais vêem essa relação?

A outra pergunta é mais propositiva no sentido da questão da centralidade do trabalho. Na minha concepção, o trabalho ainda continua sendo central nas sociedades ocidentais contemporâneas. Porém, de maneiras diferenciadas e com uma espoliação maior. E agora é uma pergunta mais propositiva para os líderes sindicais das centrais sindicais (das confederações como vocês chamam aqui): as confederações vêm durante estes últimos anos privilegiando a questão da negociação de gabinete com as entidades patronais e com o Estado... e aí eu vou também aqui trazer para a discussão rapidamente, só para contextualizar em termos teóricos, o Alain Touraine, que trabalha com a concepção de sindicalismo de negociação e de sindicalismo de contestação, e que são coisas diferentes que por vezes podem ser utilizadas das duas maneiras. Mas eu acredito que por aquilo que vem acontecendo aqui em Portugal se vem dando prioridade ao tipo de negociação de gabinete e não negociação de acção com relação à manifestação, sendo a excepção a última manifestação que teve 200 mil pessoas, em Lisboa.

E agora para finalizar eu vou fazer perguntas específicas. Uma para o Manuel Carvalho da Silva que é a questão que ele colocou: em qual momento hoje, com relação às questões da relação capital/trabalho, tirando os momentos especiais, por exemplo, a "Revolução dos Cravos", as "Directas Já", no Brasil, em que se tem condições de haver negociação em termos de igualdade entre o capital e o trabalho? Fora esses momentos especiais, eu não vejo perspectiva de igualdade.

A outra é para o Eduardo Chagas que colocou a questão da flexi-segurança, dizendo que me pareceu, eu posso ter entendido mal, mas há alguns pontos na flexi-segurança que são pontos interessantes ou que não precisam ser repudiados por completo. Então, gostaria que desse um esclarecimento a respeito disso.

E para o Carlos Silva também a questão que colocou como prioridade, fazendo referência àquela questão, você chamou de sindicalismo de proposição. Gostaria que você esclarecesse melhor isso.

E, para finalizar, o João Proença coloca uma questão sobre a globalização. A minha concepção desta globalização é uma globalização hegemónica, uma globalização neoliberal e nesse sentido é uma globalização autoritária, verticalizada. Mas você coloca que ela é uma globalização que tem alguns aspectos positivos. Eu gostaria de saber quais são, nesse sentido, e ao mesmo tempo também afirmou que os trabalhadores hoje vivem melhor do que há alguns anos atrás, mesmo com esse grau de precarização que hoje, e agora com esses requisitos que é a questão dos imigrantes e a própria questão da mulher também. É isso. Obrigado.

Elísio Estanque
Vamos passar a nova ronda pela mesa. Podemos começar, talvez, agora ao contrário. Para variar, passo a palavra então ao Manuel Carvalho da Silva.

Manuel Carvalho de Silva
Foram muitas as questões. O Professor Hermes Costa levantou a questão: qual o maior sinal ou em que sectores temos mais problemas? Penso que abordei um conjunto de questões que já lhe respondem mas sendo mais incisivo, direi que: a construção das homogeneidades, as dificuldades para identificar os factores de transversalidade que ajudem à construção dessas homogeneidades, é para o sindicalismo um campo de dificuldades maiores e, portanto, um campo de trabalho muito grande. Tenho referido que há seis factores que mais atingem o movimento sindical e que mais causam as quebras do movimento sindical em Portugal, e na Europa também. Esses seis grandes factores são: as grandes perdas na dimensão e no papel da indústria, do sector produtivo e das actividades especulativas; o segundo são os novos tipos de emprego, e tudo o que lhe está associado e sobre isso muita coisa já foi dita; o terceiro é a dinâmica privatizadora; o quarto é a influência ideológica que se coloca aos sindicatos a exigir a necessidade de um debate intenso nos projectos de sindicalismo para, por exemplo, os sindicatos, não se sujeitarem a conceitos predefinidos.

Tome-se o conceito de flexigurança, formatado, que nos vem dizer: "isto é bom porque estamos (governos e patrões) a assumir que é preciso segurança".

Como se o pressuposto de toda a estruturação das relações de trabalho, o seu percurso histórico, não partisse do objectivo da segurança face às inseguranças provocadas pelas prestações de trabalho. E quanto mais a desregulação e as flexibilidades aumentam, mais a oferta que o capital e os seus governos fazem parecer ter lógica. O movimento sindical não pode comprar este conceito, não pode, tem de o desmontar. Mas não é só este, são muitos outros conceitos a desarmar. Este é apenas um campo muito pequenino do necessário debate ideológico.

A quinta questão é a das condições de organização, movimentação e influência das multinacionais de que aqui falámos. A sexta componente que cria muitas dificuldade aos sindicatos é a fragilização e o crescente descrédito do poder político/democrático, que dificulta a responsabilização e a negociação com o importante interlocutor que é o Estado, para a construção e a credibilização dos compromissos nos mais diversos campos.

Eu estou de acordo consigo Hector, quanto à dificuldade da linguagem, mas quem nos dera que o problema do movimento sindical fosse só o da linguagem. Essa é uma parte com significado de uma das sete grandes componentes, ou conjunto de questões, em que se podem arrumar as respostas dos sindicatos. Não tenho tempo de as enumerar, mas se quiser tenho todo o gosto em trocar impressões, fora deste debate, ou então, pode consultar a minha tese de doutoramento, publicada, onde desenvolvo o tema. É preciso trabalhar a questão da linguagem. Eu usei aqui a referência ao heroísmo dos sindicalistas no sentido de dizer que hoje, ser-se sindicalista implica uma grande sujeição, descriminações e repressão. Estou de acordo com a perspectiva de ver o sindicalismo como actividade edificante, mas quando se fala tanto de os sindicalistas serem malandros, veja-se com rigor que a generalidade dos sindicalistas têm um sofrimento muito grande para desempenhar a sua função no nosso país, e em muitos outros ainda mais. Foi esse o sentido heróico que coloquei.

Quanto a outras questões aqui mencionadas, apenas alguns comentários. Em relação ao sistema fiscal: é curioso, a União europeia vai avançando, unifica isto, unifica aquilo, mas o sistema fiscal não, quando a discussão séria do sistema fiscal era tão importante e seria positivo introduzir algumas regras e procedimentos comuns. Mas o problema do taxamento da riqueza é um problema muito complexo. Para onde caminhamos? Essa é uma das matérias de necessário afrontamento das instituições mundiais, das instituições europeias, das instituições a nível nacional. Como disse, há indivíduos que se auto-dispensaram de contribuir para o colectivo. É disto que se trata! Sobrepuseram os seus interesses específicos e estão-os instituindo a toda a comunidade.

Não há nenhuma sociedade democrática que possa permitir aos seus membros estes comportamentos. Nós estamos perante comportamentos desviantes inadmissíveis.

Quem vai pagar a crise? Quem a está a pagar e a vai pagar? O que está aí a anunciar-se são mais pressões, mais pressões, mais pressões sobre os trabalhadores. Os bancos, para darem lucros, despejam encargos, mas não são só os bancos a fazer isso. Grande parte de pequenas e médias empresas vêem-se bloqueadas nos custos de contexto e no acesso ao crédito, mas muitas médias empresas são já, também, plataformas dos seus grandes accionistas para a especulação financeira e isso limita-as nas suas posições. A sua preocupação primeira é a da eficácia no jogo financeiro do dia-a-dia. E assim, as opções para se desenvolverem políticas e práticas que favoreçam o emprego e o que é produtivo, fragilizam-se. Ando sempre a dizer esta coisa que não é exagerado repetir: um pequeno empresário, se quiser 50 mil euros para comprar um carro de luxo, faz um telefonema à instituição bancária com quem trabalha e tem, com poucos obstáculos, o dinheiro para comprar o carro. Se quiser 50 mil euros para fazer um investimento que crie uns quantos empregos e desenvolva a actividade para que está estruturada, muitas vezes, nem com uma dúzia de visitas ao banco consegue o empréstimo. Esta é a realidade! Quem é que paga isto? Pagam os trabalhadores com as precariedades, pagam os desprotegidos, pagam os pequenos comerciantes, os pequenos industriais.

Acho que há uma ideia colocada, em mais do que uma intervenção, de que o movimento sindical tem que acompanhar o curso do rio. Só estou de acordo neste sentido: vivermos o tempo em que estamos, mas de forma alguma devemos adaptar-nos sem sentido crítico e sem buscar o que interessa e o que é justo individual e colectivamente. São interessantes as teorias evolucionistas e são necessárias para serem confrontadas com outras. Não compro, muito menos neste processo de globalização, aquela ideia de que nós só temos que nos adaptar. Aí repito sempre um pensamento expresso por Bento de Jesus Caraça, em 1934, "nós não temos que nos adaptar, temos que viver o tempo em que estamos". Portanto volto à questão: cuidado com essa afirmação simples de o movimento sindical ter de acompanhar os tempos, porque desaguamos facilmente no tal pragmatismo falacioso: "então se é o clima económico que está a impor, o movimento sindical só tem de ser pragmático e ajudar a gerir, aqui a distribuir migalhitas, ali a cortar uns direitos"... não, não é por aí!

A outra questão aqui colocada era a de saber se a partir dos sindicatos há possibilidade de intervenção política? Eu acho que acção político-partidária de substituição não há e não deve haver. Mas os sindicatos, a acção sindical no nosso país, tal como no plano geral, vai ser absolutamente decisiva para se encontrarem alternativas políticas à situação actual. Já agora quero dizer que a CGTP-IN fez a manifestação de 200 mil pessoas em Outubro, fez uma de 150 mil em Março, e faz muitas outras e que isso faz parte da dinâmica social indispensável para que se combata o que está mal e se gerem alternativas políticas. Desperta, esclarece, agita, constrói novos caminhos. É apenas uma parte do processo sócio-político, não é o seu todo! Além disso, estas acções são precisas para se efectivarem os direitos de participação dos sindicatos, o direito de negociação, o direito de discussão dos problemas com os governos. Esta coisa de o poder político achar que os direitos são uma dádiva e que só negoceiam quando querem, ou que só aceitam os sindicatos a participarem quando muito bem entendem e só os convocam para gerir objectivos predefinidos, ou para credibilizar as coisas que eles querem, isso não pode ser aceite pelos sindicatos.

Quanto à centralidade do trabalho, eu ponho muito enfoque nela, porque é indispensável a recentragem do lugar do trabalho trabalhada pelas forças democráticas, pelas forças de esquerda, que querem mudanças, que querem reformas sérias neste sistema ou que pretendem encontrar alternativas ao próprio sistema. Se não houver essa centralidade, o Estado social esvai-se, assim como o conceito de cidadania nas suas melhores dimensões, e esboroam-se os direitos universais.

Para complementar o que disse, mesmo para encerrar, a questão da autonomia: eu disse antes que um dos factores para a autonomia dos sindicatos é a liberdade sindical. Há outros aspectos que são mais intrínsecos aos sindicatos: terem representação, terem acção na base, terem capacidade financeira. Se tiverem dependência, não se movem, estão sempre a ser manietados. Ter vida democrática interna é outra das condições, com certeza! Um drama na sociedade portuguesa em relação ao sindicalismo é que a maioria das forças políticas à esquerda (há excepções), deixou de ter na sua agenda política as questões do trabalho e do sindicalismo. Isso mata a autonomia dos sindicatos. As forças políticas e algumas forças sociais e instituições, como por exemplo a Igreja Católica, que tinham e trabalhavam as suas responsabilidades nas questões do trabalho e por decorrência do sindicalismo, retiraram isso das suas agendas. Essas opções enfraqueceram e enfraquecem os contributos positivos do sindicalismo para as mudanças e para a transformação social.

Obrigado.

Elísio Estanque
Nós, por aqui, por enquanto não abandonamos o tema do sindicalismo e somos muito militantes, mas para a próxima vez eu vou inverter as coisas e vou começar pelas perguntas. Os sindicalistas respondem só no final.

João Proença
Bem, também respondendo a algumas coisas, primeiro ao professor Hermes Costa. Vimos algumas dessas imagens, do mercado de trabalho, classe e sociedade. Eu diria, revejo-me em todas elas, não me revejo em nenhuma. É evidente que o sindicalismo tem na sua base como instrumento fundamental a negociação colectiva, quer a negociação colectiva que hoje vivemos, quer a negociação colectiva que esteve na origem do sindicalismo, as reivindicações por melhores condições de vida e de trabalho. Em termos de classe, é evidente que há interesses divergentes entre trabalhadores e empregadores. Hoje quem vem da classe operária já desapareceu há muito, já não existe ou aqueles poucos que existem já são reminiscências. É evidente que hoje o trabalho é sobretudo um trabalho de serviços, um trabalho com uma grande dominância de quadros. O trabalho operário, repetitivo, homem, portanto, esse já é claramente minoritário, quase inexistente na sociedade. Mas continuam a subsistir divergências de interesses fortes, aliás, por esta posição, quando se fala em negociação é porque há interesses divergentes e se tenta chegar a um acordo. Mas também há interesses convergentes, digamos, não há bom trabalho sem uma boa empresa, como digo, pode existir uma empresa altamente lucrativa e haver um péssimo trabalho, mas o bom trabalho está ligado a uma boa empresa. E, portanto, quem não compreender isto nos tempos de hoje está a destruir postos de trabalho e está a destruir condições de vida. É evidente que muitas vezes os patrões, de uma maneira profundamente injusta declaram um despedimento colectivo, mas há que contestar, há que analisar e há que ver o que está por detrás disso. Nós defendemos a participação na vida económica e social, mas também defendemos sobretudo aquilo que não existia no princípio do século que é o diálogo social bipartido, tripartido. E iria dizer-vos que preferimos claramente, como o Carlos Silva dizia há pouco, um sindicalismo de exposição ou participação e acção. A CES (Confederação Europeia de Sindicatos), por exemplo, tem um sindicalismo pragmático. Pode é defender coisas com as quais as pessoas que estão na mesa não concordam. A CES esteve profundamente envolvida na transformação política da União Europeia que foi a discussão do Tratado Constitucional. As pessoas poderão ou não discordar das posições da CES, que foram defendidas praticamente por a totalidade

dos sindicalistas da CES, no sentido de introduzir alterações profundas, incluindo a Carta dos Direitos Fundamentais dos Trabalhadores nos Tratados como qualquer coisa que é o autêntico direito de cidadania dos trabalhadores.

É evidente que foi através de uma grande manifestação e da mobilização também dos grupos políticos do Parlamento Europeu que se conseguiu derrotar a Directiva Bolkestein. Portanto, produziram-se múltiplas acções. Agora, dizer que quando 90 e tal por cento das centrais sindicais da CES representando 90 e muitos por cento dos trabalhadores filiados na CES tomam posições e que essas posições são simplesmente mangas de alpaca, pragmáticas, é uma discordância total. Mas quero exprimir essa discordância total. Incluindo um quadro macro-económico. É evidente que na União Europeia há uma dominância de livre circulação de mercadorias, dimensão económica, mas não há um governo económico e esse é um problema central. É evidente que o Banco Central Europeu, ao contrário do Banco Central Americano, serve para controlar, combater a inflação. O Banco Central Americano tem também como obrigação preocupar-se com o crescimento económico. O Banco Central Europeu tem a sua autonomia e os governos não conseguem controlar o Banco Central Europeu. E veja-se até, recentemente, a guerra: o presidente do Banco Central Europeu é francês. Veja-se a guerra de um presidente de direita que é o Sarkozy contra esta posição do Banco Central Europeu. Portanto, a ausência de uma governação económica da União Europeia torna difícil discutir estas questões na União Europeia. Mas foi a Confederação Europeia de Sindicatos que impôs um diálogo ao Banco Central Europeu. Foi a CES que impôs que nas cimeiras sociais estas questões sejam abordadas, etc., etc.

A segunda questão era a questão colocada pelo colega do SNESUP que já não está: a questão dos sindicatos hoje serem chamados muitas vezes por muitos trabalhadores a pronunciarem-se sobre questões diversas. Todos os dias recebo emails de pessoas que levantam questões que têm que ver com a sua vida no trabalho e que têm a ver com a sua vida enquanto cidadãos. E, de facto, aqui levanta-se um problema que é o tal sindicato enquanto instrumento de solidariedade entre trabalhadores. Costumo dizer muitas vezes que um trabalhador hoje para se sindicalizar... antigamente estava muito ligado ao sentimento de classe, à solidariedade no interior da empresa. Hoje, até com a individualização das relações de trabalho, por vezes isso está um bocado posto em causa, mas os trabalhadores continuam a sindicalizar-se. O que é que têm? Têm direito à negociação colectiva que acaba por abranger todos. Têm direito à protecção individual, mas diga-se de passagem que se não forem protegidos pelo sindicato são protegidos pelo Ministério Público. Sindicalizam-se, basicamente por uma estrutura de solidariedade e de participação. E, de facto, é fundamental reforçar a solidariedade e a participação dos trabalhadores, incluindo na vida da empresa. E acho que, de facto (já tinha referido este aspecto), os meios electrónicos e a sociedade de informação, os sites, os blogues, etc., obrigam a repensar toda a estrutura de comunicação dos sindicatos e toda a estrutura de participação dos sindicatos.

A questão da fiscalidade. Realmente, a fiscalidade incidir sobre a riqueza, todos estamos de acordo, o problema é como? Hoje, se virmos bem a fiscalidade que existe, por exemplo, em Portugal, o que é que temos? Temos, sobretudo, uma fiscalidade nos impostos indirectos. Os impostos indirectos são a fonte principal da receita fiscal, é o IVA, é o imposto petrolífero, é o imposto sobre o tabaco, são os impostos indirectos, são os impostos pagos pelo consumo. Os impostos directos são muito mais baixos. E diga-se de passagem, que ao contrário do que as pessoas pensam, o IRC em Portugal, no conjunto dos impostos, pesa mais do que a média da União Europeia. O que não significa, minimamente, que a taxa de IRC em Portugal seja maior do que a taxa da média da União Europeia. Por exemplo, muita gente fala que o nosso IVA é muito superior ao espanhol. É verdade, mas o nosso IRC é claramente inferior ao espanhol. Ninguém fala nisso. O que se continua a falar é em diminuir o IRC, diminuir o IRC. Eu acho que o IRC não é um problema. Diminuir o IRC não é um problema, o problema é saber o que é que é dedutível, o que é que faz com que alguns paguem muito IRC e outros paguem pouco ou nada de IRC. É, de facto, distribuir isto melhor. Isto não tem a ver com a taxa máxima, tem a ver, digamos, com outros mecanismos de controlo e de fiscalização. Mas, de facto, o problema deste capital especulativo, e hoje, de facto, a existência de fundos especulativos, muitas vezes gerindo o dinheiro dos trabalhadores... Muitos fundos especulativos estão ligados aos próprios dinheiros dos fundos de pensões dos trabalhadores, nomeadamente nos Estados Unidos. E, portanto, esses fundos especulativos, hoje, desorganizam e descontrolam a economia mundial. Há que controlar isso. Por exemplo, há anos surgiu uma proposta interessante, e hoje até o governo francês citou algo sobre essa matéria, que era criar uma taxa sobre todas as transacções financeiras no mundo. Uma taxa muito reduzida, mas sempre que houvesse uma transacção financeira pagar-se-ia uma taxa. É evidente que nunca se conseguiu impor nada disso, até porque os Estados Unidos são totalmente contra.

Portanto, há muitas forças que se movem contra. Mas põe-se claramente o problema, e isso está ligado também à questão do Elizardo, que globalização temos e como regular a globalização? Nós temos, de facto, uma globalização controlada puramente pelas forças económicas. Teoricamente é a OMC. De qualquer modo, é o acordo entre governos, a OMC é um acordo entre governos, não é fiscalizada, digamos que são acordos que são negociados secretamente, não há participação, não há direito de fiscalização, portanto, é uma globalização, podemos dizer, neoliberal desregulada. Mas foi esta neoliberalização que permitiu que, de facto, países como o Brasil, como a África do Sul, como a China e como a Índia, tenham tido um crescimento económico claramente acelerado. E que muita gente nestes países tenha ganho com esse crescimento económico. Há dias saiu um relatório da OIT sobre o emprego no mundo. Se analisarmos esse relatório e o compararmos com o relatório de há uns anos vemos que houve uma melhoria global da situação. Agora, de facto, agravaram-se situações de desigualdade entre países, dentro dos países, agravaram-se também bolsas de pobreza, com pessoas em dificuldade de emprego muito grande. É evidente que podemos dizer que, há uns anos, existiam 250 milhões de crianças com menos de 15 anos que trabalhavam. Agora existem 200 milhões, portanto, a situação é claramente insustentável e imoral. Portanto, quando estamos a falar de melhorias, estamos a comparar situações de pobreza extrema, de desigualdades, de luta pela sobrevivência no dia-a-dia embora algumas dessas pessoas consigam sair desse nível de pobreza extrema. Mas temos que, de facto, lutar contra esta globalização que vem sendo feita. E esse é o tal problema de regular a globalização. Há uns anos quando Juan Somavia foi director-geral da OIT, em 1999, lançou aquela grande conferência geral da OIT, que se realiza todos os anos, lançou o relatório sobre o trabalho digno, sobre o trabalho decente. E isso hoje começa a abrir caminho. A OIT aprovou um conjunto de oito convenções fundamentais que dizem que todos os países para terem acesso ao mercado mundial deviam respeitar essas convenções fundamentais. Têm a ver com a existência de sindicatos, da negociação colectiva, do direito à greve, mas também têm a ver com a proibição das piores formas de trabalho infantil, do trabalho forçado, da igualdade de oportunidades. Portanto, são oito convenções fundamentais. Isso está, um pouco, a abrir caminho, como hoje as discussões em termos da cláusula ambiental estão a abrir caminho. Mas isto não é minimamente suficiente, porque enquanto não se conseguir regular, nomeadamente, o mercado financeiro, enquanto não houver uma dimensão social e ambiental no comércio internacional, não chegamos lá.

Uma questão que estava no papel inicial (e que tem que ver com isto) e à qual eu não respondi é a das alianças. É que é evidente que o movimento sindical precisa de alianças estratégicas. O movimento sindical tem a sua agenda própria e não pode ignorar ou confundir a sua agenda com a de outros, tem que ter a sua agenda própria, mas precisa de alianças estratégicas. E eu acho que, em certa medida, o Fórum Social Mundial foi a grande aliança estratégica a nível mundial que deu um pontapé de saída. Hoje, digamos que neste momento, o fórum progressista mundial, duas grandes ONG's, a Solidar Alerta Internacional, a CSI e a CES, construíram ou estão a construir uma agenda, na defesa do trabalho digno. Hoje, de facto, estão a haver algumas reuniões a alto nível envolvendo sindicalistas, políticos e instituições, justamente para discutir isso. Vamos lá ver se conseguimos chegar a um acordo sobre como regular a globalização. Vai haver dentro de dias uma reunião dessas em Genebra, e é, de facto, qualquer coisa que está a criar uma dinâmica. Mas vai ser uma luta difícil. Mas eu ouvi há poucos dias o director-geral da OIT, ele que lançou a ideia do trabalho decente em 1999, dizer "hoje começam-se a criar condições para haver um movimento mundial em favor do trabalho decente, do trabalho digno. Hoje começam-se a criar condições". Foi em 1999, já se passaram muitos anos. É um pouco esta dinâmica de pressão sindical e de alianças entre o movimento sindical... Hoje, aliás, este fórum celebra-se num dia em que o Fórum Social Mundial apelou, e o movimento sindical também, nomeadamente a CSI, a uma mobilização sindical, a uma mobilização mundial em torno, justamente, do trabalho digno. Portanto, este ano não vai haver o Fórum Social Mundial, só vai haver para o ano, este ano houve um interregno, e resolveu-se fixar este dia, que é hoje, sobre a defesa do trabalho digno.

Duas últimas questões: uma sobre o capitalista/não capitalista mas só queria lembrar que o que está no Tratado da União Europeia traduz-se também num avanço neste Tratado de Lisboa. Deixou de se falar em economia de mercado e passou a falar-se em economia social de mercado. E isto poderá ser muito significativo em termos, digamos, até de actuação das instituições comunitárias, incluindo o Tribunal Europeu relativamente a algumas directivas.

A última questão, sobre as listas independentes dos sindicatos. Bem, eu acho que não está na ordem do dia, pelo menos na Europa, que algum sindicato apresente listas para o Parlamento, independentes ou não. Agora, está na ordem do dia a discussão da autonomia, da independência do movimento sindical. E, por exemplo, aqui na vizinha Espanha a UGT espanhola nasceu como uma central socialista. Estava mesmo nos estatutos, "central socialista", muito ligada ao PSOE, e portanto, aliás, o Filipe Gonzales só foi secretário-geral do PSOE porque o líder da central recusou, o Nicolás Redondo na altura recusou, e depois até acabou por haver uma ruptura pessoal entre os dois. E foi dessa ruptura pessoal que a UGT espanhola se livrou do partido socialista. Abriu. Para além de abrir, pôs, por exemplo, nos seus estatutos a proibição total de algum dirigente sindical ser simultaneamente deputado. Também existe isto, por exemplo, na CFDT francesa. Não existe em Portugal, não existe na grande maioria dos países europeus. Como toda a gente sabe, o Partido Trabalhista britânico nasceu do sindicato, não foi o sindicato que criou o Partido Trabalhista, foram os TUC que criaram o Partido Trabalhista, não foi, portanto, o Partido Trabalhista que criou os TUC. Mas hoje há claramente uma autonomia afirmada, uma autonomia que já existia. Existia e o sindicato tinha uma participação muito alargada, até participando nos congressos do Partido Trabalhista Britânico. E hoje a separação deu-se, por boas e más razões. Mas portanto, hoje o sentido geral não é que os sindicatos deixem de estar ligados a partidos que defendam transformações sociais. Não é que existam certas maiorias, é que, na prática, os sindicatos sejam independentes face aos partidos, e os partidos, portanto, também independentes face aos sindicatos. Concordo com este aspecto. É fundamental que os partidos tenham uma agenda laboral e sindical, nomeadamente os partidos de esquerda ou ditos de esquerda, tenham uma agenda central e uma agenda sindical, uma agenda laboral. Agora, não é possível é que tenham uma agenda de controlo da central sindical, que ponha em causa o mínimo de independência. E portanto, é um pouco esta dicotomia, mas que será uma tensão permanente. Muitas vezes fala-se, e já ouvi até pessoas referirem o problema das alianças entre sindicatos. Bem, acho que ninguém põe em causa no mundo a independência da DGB, da Central Sindical Alemã, face ao Partido Social Democrata, o SPD alemão. Ninguém põe em causa. Mas existe uma aliança histórica desde a Segunda Grande Guerra, dos sete dirigentes, a direcção da DGB tem sete dirigentes: o presidente, o vice-presidente em exercício... existe uma aliança histórica e há dois dirigentes, põem sempre dois democratas cristãos, mas desde que surgiram os Verdes, às vezes é um dirigente democrata cristão e outro dos Verdes. Por acaso, neste momento a vice-presidente é Verde. Mas essa aliança histórica não põe em causa, de facto, as políticas de autonomia da DGB face aos partidos, incluindo o Partido Social Democrata Alemão, e já houve tensões muito fortes entre a Central e o Partido Social Democrata Alemão, e que às vezes até dão em rupturas no Partido Social Democrata Alemão. E existe também, digamos, a capacidade da Central afirmar políticas reivindicativas por aquilo que os trabalhadores consideraram justo, afrontando muitas vezes os governos, quer seja o governo da cor "A", quer seja o governo da cor "B". Portanto, a independência e a autonomia afirmam-se nesse processo. Quanto à ligação umbilical que às vezes existe entre o movimento sindical e os partidos, diria que é uma organização que cada vez está mais em causa... havia alguns momentos históricos. O colega brasileiro pôs há bocado a questão, é evidente que a CUT nasce com o Lula, nasce com uma ligação ao PT, a CUT nasce claramente com um cordão umbilical muito forte. Esse cordão umbilical continua a existir mas hoje a CUT já não é a CUT que existia quando foi criada há uns anos. Hoje, por exemplo, o PC do B criou outra central, aliás estamos aqui a comentar, até porque o Brasil aprovou uma nova lei de financiamento sindical. E portanto, estas coisas têm dinâmicas próprias. No Brasil houve três centrais sindicais que se fundiram para criar a UGT Brasil. Três centrais de proveniências muito distintas, aliás, juntando, justamente, duas centrais sindicais que vinham da anterior CMT e uma que vinha da anterior CISL. Portanto, há dinâmicas de reorganização, de reestruturação do movimento sindical. Mas a autonomia afirma-se na prática, na actuação concreta, na independência mútua. Também quando reclamamos independência face ao partido, eu lembro que muitas vezes dentro do Partido Socialista em Portugal houve quem quisesse criar o verdadeiro partido socialista que era o Partido dos Trabalhadores, que era uma dinâmica quase, digamos, a central ou as centrais sindicais a assumirem a recriação do Partido Socialista. Quer dizer, a independência tem que ser uma independência mútua de actuação, respeitar o papel próprio...

Elísio Estanque
Mas, João Proença, quebrando aqui um pouco o protocolo, estava aqui a olhar para este papel e uma vez que estamos a falar de alianças apetecia-me perguntar a título mesmo provocatório: mas porque é que é tão difícil a CGTP e a UGT aliarem-se? É por causa dos partidos, certamente? Pelo menos existe essa desconfiança. Eu perguntava-lhe concretamente, por exemplo, aqui esta campanha, "Trabalho digno, vida digna" (que me parece muitíssimo interessante), porque é que não está aqui ninguém da CGTP? Não foram contactados ou não quiseram... Eu peço desculpa por esta interpelação...

João Proença
Não, não... Isso, digamos, era uma iniciativa que já vem de há uns tempos e que foi aprovada no dia 31 de Outubro, em Lisboa, numa reunião promovida pela CSI, mas também por essas quatro organizações, pelas outras três organizações, também pela UGT, como filiada local da CSI, e onde a CGTP esteve presente. Depois foi dado um livro a assinar e que o primeiro assinante foi o director-geral da OIT e, portanto, não sei se alguém da CGTP assinou. Mas eu

diria que em termos sindicais está a ser conduzida pela CSI, e portanto, talvez por isso essa ligação. Mas é uma ligação do movimento sindical e espero que de facto a CGTP... Mas também, vamos lá a ver, esta questão que é uma questão de fundo também para a organização do movimento sindical. Nós temos a mania de dizer que a divisão do movimento sindical é só em Portugal. Não é. Praticamente não há país em que só haja uma central. Quando muito, há a Inglaterra, há a Irlanda, há a Áustria, por razões históricas em que há uma central. E agora a Alemanha, porque a central fundiu-se com o sindicato, a outra central que existia. Na prática, normalmente, há centrais diferentes. Agora, a realidade dos países nórdicos e dos países do centro da Europa é uma realidade em que, normalmente, as centrais sindicais têm âmbitos diferentes. Há uma central operária, normalmente chamam-se as LO, há uma central de quadros, há uma central de serviços, há três ou quatro centrais, digamos, nesses países. Na Dinamarca e em todos os países nórdicos. Depois temos o caso de Portugal, Espanha, França, Bélgica, Luxemburgo e Holanda, em que há várias centrais que tinham na origem, normalmente, uma era a central da CISL outra era a central da CMT, mas também havia... outras eram independentes, mas eram centrais com âmbitos sobreponíveis. Essa era a realidade. Agora, o que tem existido e cada vez mais em todas as centrais é a unidade na acção. É evidente que as três centrais italianas, com altos e baixos, têm conduzido uma unidade na acção muito forte. As duas grandes centrais espanholas, a UGT e as *Comisiones Obreras*, têm conduzido uma unidade na acção muito forte, independentemente dos governos, incluindo com governos de direita ou de esquerda. Em Portugal tem sido mais difícil, a unidade na acção tem sido mais pontual, às vezes umas discussões na concertação social, na negociação colectiva, não tão institucionalizada. Mas essas barreiras existem, um dia, espero, que sejam ultrapassadas.

Carlos Silva
Bem, eu prometo que vou ser mesmo telegráfico, até porque já se pronunciaram os nossos secretários-gerais das confederações sindicais e portanto, muito telegraficamente, duas ou três questões que me foram colocadas.

A primeira pelo professor Hermes Costa. Fusão dos sindicatos. Não há nenhuma fusão. Foi uma federação que foi constituída no dia 6 de Dezembro e cada sindicato mantém, na íntegra, a sua independência, a sua soberania e a sua autonomia. O que está decidido é que na federação cada um dos sindicatos deposita, naturalmente, aquilo que é uma prorrogativa fundamental da sua própria existência e, portanto, se também Portugal é hoje parte do espaço de integração económica da Europa em que teve de abdicar de algumas questões que dizem respeito à sua soberania enquanto país com 850 anos de história, também alguns destes sindicatos, ou todos os sindicatos, vão ter que delegar na federação alguns dos seus poderes soberanos. Por exemplo, contratação colectiva, a constituição dos SAMS Portugal e já agora uma *nuance*. O facto de existirem SAMS a nível de cada um dos sindicatos, não significa que os benefícios daí decorrentes sejam exactamente os mesmos de norte a sul do país. E é exactamente para colmatar esta lacuna, esta brecha que há muitos anos existe e que, sendo os bancos entidades nacionais, assiste-se hoje na Banca a uma grande mobilidade de trabalhadores, é importante que essa realidade seja compensada por parte dos sindicatos com igual tratamento, quer a nível do norte, quer do sul, quer das ilhas. E, portanto, esta questão para nós é liminar e, portanto, esteve subjacente à constituição da federação.

A contratação colectiva, por que é que vai para a federação? Porque é impossível nos dias de hoje, isto já vão 30 anos de caminho, que os três sindicatos se continuem a sentar à mesma mesa, porque se sentam à mesma mesa e que quando se chega a determinados pontos em que é necessário assumir compromissos, que cada um depois fale por si, invocando determinado tipo de regionalismos. Essa questão tem de ser ultrapassada. E a nível da federação, certamente que será ultrapassada. Aliás, devo dizer-vos que no ano passado o acordo do Banco de Portugal foi assinado por cada um dos sindicatos, cada um em seu *timing*. Primeiro, o Sindicato dos Bancários do Norte, e depois o Sindicato dos Bancário do Centro e só no final do ano o do Sul e Ilhas. Ora, claro que esta situação, tendo sido negociada à mesma mesa e devendo ter um epílogo igual para todos, criou graves problemas, por exemplo, a um dos sindicatos, que acabou por avançar para um referendo quando os outros dois não o fizeram. Portanto, houve aqui na acção um desfasamento que criou naturalmente complicações. E, portanto, é este tipo de situações, para além da representação internacional que nós vamos fazer, depositar e divulgar na constituição da federação do sector financeiro. Temos, naturalmente, grandes expectativas mas, como hoje é muito comum dizer-se, o caminho faz-se caminhando, este foi um passo e agora vamos ver quando a constituição formal estiver implementada, e esperamos que até Junho esse momento aconteça, vamos, portanto, dar o benefício da dúvida à federação e, portanto, saber se ultrapassamos estas vicissitudes.

Perguntou-me se era uma reforma estratégica, ou se era um ajustamento defensivo? É naturalmente uma reforma estratégica. O próprio movimento sindical está em evolução e está, naturalmente, numa profunda renovação e estruturação interna. E certamente que hoje assistimos à concentração, fusões e aquisições no sector financeiro, como verificamos em todos os outros, mas o sector financeiro é disso um paradigma. Grandes bancos, como o Santander, adquiriram um grande banco inglês com 20 mil trabalhadores. Os bancos têm-se unido. Têm-se consolidado. Hoje são grandes multinacionais com centenas de milhares de trabalhadores em todo o mundo. Então os sindicatos não conseguem dar o passo no sentido de unir estes esforços e falarem numa mesma voz? É, naturalmente, esta uma das grandes expectativas que a federação do sector financeiro vem criar aos próprios sindicatos e, naturalmente, aos associados que representam.

Uma ou duas questões que já foram discutidas em termos macro pelo Carvalho da Silva e pelo João Proença. Naturalmente que quem paga as favas do capitalismo são sempre os mesmos. São sempre os trabalhadores, são sempre aqueles que têm menos poder e hoje no sector bancário, aliás toda a gente fala no sector bancário porque é um sector do qual quase todos nós dependemos. Não há ninguém que vá para um casamento e não recorra ao crédito para comprar a casa, não recorre a crédito para comprar o carro e ao fim de 2 ou 3 anos, foram constituídas empresas pelos grandes bancos portugueses para abocanharem, desculpem o termo que vou utilizar, um termo enfim, insidioso, mas para abocanhar as casas e os carros que muitos consumidores deixaram de poder pagar e, portanto, agora colocam-nas outra vez no mercado. Portanto, estamos a assistir a isto. É o consumismo desenfreado do nosso tempo, resultado de uma globalização desenfreada, também é verdade, mas para a qual é necessário, hoje em dia, gerir o nosso espaço privado com algumas cautelas. O nosso poder de compra está debilitado e, portanto, temos hoje milhares de famílias portuguesas endividadas à banca. E, portanto, este também é outro problema que surge porque o país está endividado, precisamente para responder aos olhos do consumismo dos últimos anos. E por isso cada vez mais faz sentido que os sindicatos possam ser, como já se disse aqui, não "pau para toda a colher", não tem condições de responder a tudo, mas têm, naturalmente que, entre si, começar a discutir a forma de ultrapassar e de atacar algumas das questões que, transversalmente, abrangem a grande parte da população portuguesa.

Outra questão, que já foi também respondida pelo João Proença e com a qual eu concordo, é a da independência ou a da autonomia dos sindicatos em relação ao poder político. Em democracia, em liberdade, os cidadãos participam na vida política e na vida partidária da forma que entenderem.

Eu sou militante de um partido há quase 30 anos, mas também sou sindicalista e fui membro de uma comissão de trabalhadores. Nunca me coibi de exercer a democracia na sua plenitude, no meu local de trabalho e no partido político quando quero lá militar ou quando quero participar nas discussões internas que têm a ver com o país, que têm a ver com a sociedade onde eu estou envolvido. Mas o sindicato deve ser independente desse poder político. Deve ter a sua total independência e, portanto, eu sou um dos defensores de que aos sindicatos o que é dos sindicatos, aos partidos o que é dos partidos.

Finalmente, uma questão que me foi colocada em relação ao que é o sindicalismo de proposição. Também já foi respondido. Os sindicatos devem privilegiar o caminho da negociação colectiva no sentido de plasmarem na contratação aquilo que são os melhores caminhos que enfrentam os seus representados, ou seja, os trabalhadores. É esta a nossa proposta. E estamos num sector que em Portugal é um sector estável de há muitos anos a esta parte. Não assistimos a despedimentos colectivos, é um sector em que os banqueiros detestam que haja instabilidade provocada pelos sindicatos e pelos trabalhadores, portanto, não nos tentam manietar, mas tentam plasmar na contratação o resultado, naturalmente, das nossas propostas. Não conseguimos tudo mas há questões, naturalmente, que são negociadas. Agora, manietados não estamos. Não vemos é sempre os sindicatos na rua, pelo menos tentamos não responder a algumas provocações que vêm muitas vezes de muitos lados, de alguns trabalhadores, que acham que quanto pior, melhor. Nós não somos daquele grupo que quanto pior, melhor. Não é esse o sindicalismo que defendemos no sector bancário. E os sindicatos do sector bancário são conhecidos, desculpem o termo que não é pejurativo, mas por algum pragmatismo quando discutem as questões à mesa das negociações. Em 2003, quando tivemos que atacar o trabalho suplementar não remunerado, viemos para a rua, andámos em manifestações, também andámos aí de bandeira na mão e quando hoje se discute até em termos de economia e de sociologia esta dicotomia entre sindicalismo de proposição ou negociação e sindicalismo de conflito, eu acho que a dicotomia não é, digamos, incontornável. Uma coisa não faz afastar a outra. Uma coisa é aquilo que defendemos como prioridade, e eu disse-o no início, mas não deixamos de lado a possibilidade de a qualquer momento, se tivermos que encetar uma acção mais reivindicativa num determinado caminho então, naturalmente, que a nossa base de reivindicação, se tivermos que ir para a rua, aí naturalmente que viremos. E quando foi para a greve da Caixa Geral de Depósitos, nós apoiámos a greve e participámos nela. Portanto, a questão do sindicalismo de proposição é a nossa forma de estar, é aquilo que defendemos. Aliás, na sequência do que a própria central sindical onde estamos integrados também defende, sem naturalmente escamotearmos a possibilidade de, em cada momento, analisarmos as melhores condições e aquelas que nós e os trabalhadores defendemos, reputamos como mais importantes para defender seus pontos de vista e aquilo que são a defesa dos seus direitos e dos seus interesses.

Muito obrigado.

Elísio Estanque
Bem, estamos quase. Ainda vou dar ali a palavra ao Eduardo Chagas, mas acho que esta reflexão que temos tido aqui desafia-nos para uma reflexão ainda mais profunda, nomeadamente que envolva os sindicatos mas que deixe de olhar para o campo sindical e laboral como se ele fosse desligado do resto. Eu acho que, de facto, isso faz falta na nossa sociedade e, sobretudo por parte daqueles que se preocupam com a justiça social, com a solidariedade, com uma mudança orientada para combater as desigualdades. Para tal, é preciso uma reflexão muito mais profunda em torno dos desafios da esquerda portuguesa, em torno da questão ideológica. E eu penso que uma das razões por que muitas vezes há défice de debate em muitos sítios é porque não há ideologia, porque os velhos valores desapareceram, é porque não há ninguém que tome a iniciativa de levantar, digamos, a reflexão em torno de novos valores, uma vez que a sociedade mudou tão profundamente nos últimos 30 anos. A forma de intervir nela também tem que mudar e os valores que orientam a acção também têm que ser adaptados. Sem que isto queira dizer, naturalmente, que tenhamos que embarcar na lógica dominante, muito pelo contrário. Eu acho que, por exemplo, uma questão que me parece um tema fulcral hoje em dia, a questão bancária, a questão da actividade bancária como sendo, como foi aqui dito e muito a propósito, das mais lucrativas, no quadro de uma sociedade geral onde as desigualdades sociais se aprofundam e intensificam duma maneira escandalosa, como ainda recentemente assistimos, eu acredito que, para uma reflexão profunda do sindicalismo em torno destes valores da solidariedade, passará, certamente, pela capacidade dos actores sindicais poderem promover formas de solidariedade em rede para com aqueles que não estão em condições de negociar, não estão na mesma situação na barganha perante a entidade patronal, do que outros sectores mais decisivos entre os quais eu destacaria, de facto, o sector bancário. E, por isso, penso eu que este sector é particularmente fulcral nesta discussão e neste debate.

Espero que haja, muito em breve, condições para, a pretexto das questões sociais e da questão social do séc. XXI, que é também o título deste debate, possamos voltar a reunir-nos e a discutir com outros actores, com outros intervenientes, pensando em torno destas questões. Eu não estou aqui a antecipar e nem a esquecer a intervenção do amigo Eduardo Chagas. Vou-lhe passar imediatamente o microfone sendo que deixava um desafio: a questão da unidade na acção, a questão das alianças, a questão da abertura do sindicalismo para outros sectores da sociedade é, e vai continuar a ser, acredito eu, um tema central na discussão mais geral sobre os desafios da democracia e os desafios da esquerda, não apenas sobre a questão sindical.

Eduardo Chagas
Bom, eu anotei três perguntas. Uma delas até já foi, em grande parte, respondida com ideias que eu partilho, mas vamos à primeira, sobre o *e-sindicalismo*. Pegando no que acabou de dizer o Carlos Silva, mais propositivo ou mais reivindicativo, a minha perspectiva de sindicalismo só faz sentido no contacto directo com os trabalhadores, nos olhos dos olhos e ouvindo directamente os trabalhadores. Há, evidentemente, cada vez mais, a possibilidade de divulgar informação, de chegar a mais pessoas através das novas tecnologias, nomeadamente através de sítios, das páginas Web, agora até já se faz campanha por SMSs... digam o que quiserem, nada pode dispensar o contacto directo com as bases, o contacto directo na empresa, auscultar, sentir, viver ao lado dos trabalhadores aquilo que eles sentem. Só assim é que os podemos defender. Se tentamos resolver os problemas por telefone ou pela *Internet* não vamos lá chegar. Um exemplo triste, porque é significativo, foi a petição que a Confederação Europeia de Sindicatos lançou, em Outubro de 2006, com o objectivo de, até ao Congresso em Maio do ano passado (2007), juntar um milhão de assinaturas pela protecção dos serviços de interesse geral e foi protelando o fecho da campanha penosamente até chegar à conclusão, em Outubro do ano passado, portanto, seis meses depois daquilo que previa, com pouco menos de 500.000 assinaturas, que não era capaz de o fazer. Em três meses, uma associação europeia de deficientes juntou mais de um milhão, 1.200.000 assinaturas, por uma campanha em que eles se empenharam também. O que é que aconteceu? Foi o *e-sindicalismo* a funcionar a toda a força nos sindicatos, a fazerem seguir para todos os contactos apelos à assinatura e os resultados que se viram foi que das 480.000 ou 500.000 assinaturas, praticamente um quarto veio da Roménia. E porquê? Porque são mais activos e têm mais acesso à *Internet*? Não, porque as fizeram em papel, fizeram recolha de assinaturas nos locais

de trabalho, fizeram recolha de assinaturas nas manifestações e foi aí que eles as arranjaram. Os espanhóis e os portugueses também não estiveram mal... exactamente porque a gente sabe que se mandarmos para os nossos trabalhadores, para já não temos *email*, sei lá, 95% dos trabalhadores e nalguns casos de 99-100% dos trabalhadores... mas isso não é um factor mobilizador! É evidente que será um elemento complementar da actividade sindical, sobretudo na difusão de documentos e de legislação que as pessoas poderão consultar, as que já estejam habilitadas mas, infelizmente, sobretudo na sociedade portuguesa, ainda há uma maioria de cidadãos, de trabalhadores que não sabe, que é iletrado em termos da *Internet*.

A CSI, o que é que a CSI pode fazer para melhorar? Eu penso que há diferentes níveis de intervenção e penso que, a nível internacional, há um maior papel a ser desempenhado pelas federações sectoriais do que, propriamente, pela CSI, que tem um papel mais coordenador e de representação na esfera internacional. Mas ao nível das federações sectoriais, aí sim, penso que há uma grande capacidade de mobilização, de reivindicação e de organização dos trabalhadores. Eu tenho tido a sorte de participar numa federação internacional que é talvez a mais activa e a mais dinâmica que é a ITF, exactamente porque, tratando de trabalhadores dos transportes que talvez seja um dos sectores mais difíceis de organizar, pois andam sempre em deslocação, mas a ITF consegue ter uma coordenação e uma capacidade de mobilização que eu não vejo nas noutras. Mas essa aposta é fundamental e há mais de 50 anos, por exemplo, que a ITF tem uma campanha de defesa dos trabalhadores marítimos, lutando contra os navios, que nós costumamos chamar de bandeira de conveniência – vemos bandeiras do Panamá, bandeiras da Libéria, bandeiras não recordo o nome, que são quase, muitas vezes verdadeiros navios piratas. E a ITF com a sua mobilização à escala global, arranja uma cadeia de solidariedade em que os trabalhadores portuários, os trabalhadores marítimos, os sindicatos em cada país têm capacidade de imobilizar navios, de fazer acções, de os denunciar e, com isso, resolver muitos problemas à escala internacional.

Sobre a questão do partido, tenho pouco a juntar... o partido sindical ou de uma lista independente dos sindicatos. Eu costumo dizer que o sindicato é, por natureza, contra-poder. No momento em que se põe do outro lado desvirtua a sua função. E se olharmos para o *Solidarnosc* é já um exemplo dos perigos que tem essa abordagem. O amigo brasileiro já saiu mas a atitude dos sindicatos da aviação civil, no Brasil, quando num acto de mágica o governo deu cobertura a uma suposta falência da VARIG em que eliminou qualquer direito dos trabalhadores, os mesmos aviões, os mesmos trabalhadores – os mesmos trabalhadores não, dez por cento dos trabalhadores talvez – passaram a fazer parte de uma nova empresa que se chama nova VARIG que usa as mesmas quotas, os mesmos códigos, e tudo isso. Fecharam todos os balcões, à excepção de Alemanha, todos os balcões na Europa. De um dia para o outro, os trabalhadores da VARIG, em Portugal, que eram trinta e tal, foram despedidos, nem indemnizações, nem os últimos salários, nada. Os computadores, os arquivos, foi tudo abandonado na Av. Marquês de Pombal e o governo brasileiro abençoou esta atitude da VARIG que era já uma empresa privada. O próprio juiz que está a julgar o caso dizia que era escandalosa a atitude do governo e a atitude da nova empresa e, no entanto, os sindicatos recusaram-se a apoiar os trabalhadores porque não quiseram levantar a luva. Ora o que é que aconteceu? Todos os trabalhadores saíram do sindicato, tão simples quanto isto. E, portanto, a identificação ou a perda dessa autonomia da posição sindical ou a confusão entre o que são os interesses de um partido que é simpático ou que é o meu partido que está no governo e aquilo que eu tenho que fazer enquanto dirigente sindical só pode levar ao desrespeito dos trabalhadores face aos sindicatos e à perda de influência destes.

Finalmente, a questão da flexi-segurança. Se ficou alguma confusão queria eliminá-la completamente. A ETF disse claramente que não aceitava discutir a flexi-segurança. Tão nítido quanto isto. Discutimo-la entre nós e chegámos à conclusão que, tal como foi já dito, aquilo que estamos prontos a discutir é segurança. Flexibilidade... se olharem para a situação dos trabalhadores de transportes à escala europeia, para os trabalhadores dos transportes rodoviários ou a discriminação dos marítimos, as companhias *low-cost* não respeitam quaisquer direitos sindicais na aviação civil! Nós dissemos: "alto aí, vamos discutir segurança e, depois, poderemos pensar em discutir a flexibilidade". Isto porque eu assisti à distância (porque estou permanente ou quase permanente em Bruxelas), mas deu-me a ideia que o debate que se fez ou que se está a fazer até há alguns meses atrás em Portugal passava ao lado daquilo que é o conceito de flexi-segurança. E, nisso a CGTP teve alguma responsabilidade ou, pelo menos, alguns sectores da CGTP, porque houve um dia em que eu estive aqui numa reunião em Lisboa e me disseram: "é pá, sabes alguma coisa, parece que o diploma da flexi-segurança já está no Cavaco Silva e vai ser promulgado antes das férias, que é para ninguém discutir isso!" "Mas há algum diploma, há algum diploma da flexi-segurança, de que é que estás a falar?" "Ah, parece que não, afinal não há". A flexi-segurança tem as suas origens nos modelos nórdicos, em particular na Dinamarca, porque se baseiam em acordos que vêm do final do séc. XIX e de uma tradição de diálogo social em que o Estado não interfere, mas que se baseia também na interferência lateral do Estado ao assegurar a protecção social. Tem elementos positivos que, em Portugal, não se conseguem debater. Não se conseguem debater pelo tipo de patronato que temos e que tem que ver com a flexibilidade interna, por exemplo, dentro das empresas. Tem que ver com a capacidade de assegurar aos trabalhadores essa perspectiva de promoção pessoal, de ter a liberdade de escolher outra empresa mas não no quadro em que nós vemos a situação portuguesa. Portanto, é nesse aspecto que eu disse que poderíamos discutir sobre a flexi-segurança porque existem elementos válidos. Agora, em Dezembro (de 2007), quando foi assinado o tratado, a CES fez, em Lisboa, uma reunião do comité executivo em que havia um documento em discussão e após o debate que houve (começou na tarde do primeiro dia e durou até à manhã do dia seguinte), a imagem que passou foi que só a CGTP é que não tinha aprovado a flexi-segurança, todos os outros sindicatos tinham aceite.

Primeiro, o documento não era sobre a flexi-segurança, era o que se chamou "Uma análise conjunta sobre o mercado de trabalho". Havia uma série de recomendações em que, entre outras coisas, se dizia que os parceiros sociais, a *Business Europe*, a CEEP e a CES, propunham ou sugeriam ou recomendavam aos Estados-membros que implementassem medidas da flexi-segurança que defendessem os trabalhadores... e entre outras coisas propunha também a revisão das leis laborais, a "modernização" das leis laborais e que eventualmente num outro contexto até podemos dizer: "sim senhor, desde que seja feito nesse sentido, vamos estar a favor". Agora, alguém acredita que, no quadro de governos que temos actualmente, que uma revisão das leis laborais vá ser no sentido de melhorar as condições dos trabalhadores? É por isso que o debate foi aceso, foi muito intenso no comité executivo da CES, e houve 16 organizações que se abstiveram, entre as quais a CGTP, a FNV da Holanda, uma das centrais do Luxemburgo. Ao todo foram 16 organizações e houve um voto contra. Portanto, não foi o da CGTP, foi o meu.

Elísio Estanque
O Manuel Carvalho da Silva pediu-me ainda para lhe dar um minuto, para clarificar aqui um ponto.

Manuel Carvalho da Silva
Em relação à flexi-segurança, a tradução desse *slogan*, em Portugal, tem um conteúdo concreto que se chama revisão do código do trabalho, mais as políticas sociais, algumas das quais já estão implementadas e que conduzem àquilo que vocês sabem. É bom termos a noção disto, que anda aí muita gente a dizer: vem aí a flexi-segurança. Não, não, a flexi-segurança vem aí é nos conteúdos da revisão do código do trabalho e do resto. Ora, sobre a CES o João Proença fez aqui uma referência. O movimento sindical europeu, para o bem e para o mal, julgo que até é assim que eu o expresso num capítulo de 60 páginas sobre a análise da matéria, tem sido um dos pilares fundamentais do melhor desta construção europeia. E, desde logo, naquilo que se referencia como Estado Social, nas suas diversas vertentes, para o bem e para o mal, tem sido um pilar fundamental. Mas, e é bom que se valorize o movimento sindical e que se defenda o movimento sindical com as suas *nuances* todas. Ora, isto tudo não impede que a gente veja défices e considerações de mudanças, e os défices, para mim e para alguns, num movimento sindical europeu devem ser vistos. O défice da intervenção, do ponto de vista macroeconómico e político, e esta luta por espaços próprios de discussão ideológica e conceitos, etc., é uma questão fundamental, entre outras. Como também digo, a CGTP, acho que para o bem e para o mal, tem sido um pilar da dinâmica social da sociedade portuguesa, na construção da democracia mas, com certeza, tem défices e há muita coisa a discutir no seu trabalho. É isto, porque senão vemos as coisas dicotómicas e não há aqui dicotomias neste problema.

Elísio Estanque
Vou dar mais um minuto de antena para resposta...

João Proença
Não, não era para entrar em polémica sobre a flexi-segurança que foi aqui referida. A CES tem uma posição sobre a flexi-segurança mas que não é a que alguns pretendem impor: flexibilização de despedimentos, maior protecção no desemprego, essa foi completamente rejeitada pela CES. Agora, o que foi aceite pela CES no debate sobre a flexi-segurança nos termos que referi há bocado foi o reforço à adaptabilidade interna e a importância da negociação colectiva. E há que discutir o plano das mobilidades, o incentivo às mobilidades, independentemente de outras políticas que não têm nada a ver com as políticas de trabalho nem com as políticas do mercado de emprego.

PARTE III

Contributos para um sindicato ideal

CAPÍTULO 8
UM SINDICATO IDEAL É POSSÍVEL! (?)[1]

Olinda Lousã (Sindicato dos Trabalhadores das Empresas
do Grupo Caixa Geral de Depósitos)

1. Introdução
Apesar da sua importância e de um lugar cativo no palco das relações laborais, o sindicalismo e os seus actores são recorrentemente atacados por muitos que os olham de fora, e mesmo por trabalhadores/as a quem representam e defendem, ora pelas suas falhas e erros, ora pelas suas omissões. Sendo o sindicato uma estrutura associativa que, em primeira mão, depende (em condições de democracia e liberdade sindical), da filiação para afirmar a sua representatividade e obter reconhecimento e sucesso, questionam-se aqui as possibilidades concretas de implementação e construção de uma organização sindical de *tipo ideal*, aquela a que se almeja, a que ainda não se tem.

Cruzando a minha experiência e comprometimento pessoal, profissional e sindical, com reflexões e textos académicos, e não perdendo de vista um compromisso constante entre a teoria e a prática, entre o diálogo e a luta, entre a contestação e a participação, entre as experiências passadas e a realidade que inquieta e nos interpela à construção de um futuro mais justo e digno, pretendo neste texto fornecer um contributo, quase uma matriz, para uma melhoria qualitativa dos "serviços mínimos" sindicais. Nesta proposta de *sindicato ideal* incluo algumas condições que já pude vivenciar e verificar como indispensáveis (mesmo quando ainda ausentes) no sindicato que ajudei a fundar em 2002 e do qual faço parte como dirigente sindical (Sindicato dos Trabalhadores das Empresas do Grupo Caixa Geral de Depósitos, STEC). Outras, já testadas, foram publicadas em textos académicos e sindicais doutros países. A imensa rede que é a *Internet* foi uma ajuda de monta neste trabalho. Aliada às tecnologias da informação e multimédia, deverá ser também

---
[1] Este texto é uma versão adaptada do Relatório de Projecto Profissionalizante elaborado no âmbito do Mestrado em *Relações de Trabalho, Desigualdades Sociais e Sindicalismo*, sob orientação do Prof. Doutor Hermes Augusto Costa, apresentado à Faculdade de Economia da Universidade de Coimbra e defendido em Novembro de 2009, com o título *Do que temos ao que desejamos: Um sindicato ideal é possível! (?)*.

uma ferramenta cada vez mais à mão de um qualquer sindicato que se queira "ideal".

Se certos requisitos por mim apontados para a exequibilidade de um sindicato ideal se situam no campo do desejável, porém alcançável num curto prazo, outros, inevitavelmente, por transportarem uma maior carga utópica podem parecer mais longínquos ou inacessíveis.

Ultrapassadas que sejam múltiplas adversidades, tais como a falta de participação cívica (logo sindical) dos/as trabalhadores/as, o deficiente funcionamento do sistema de inspecção e justiça laboral ou a falta de uma organização interna transparente e bem estruturada, e na medida em que os/as dirigentes sindicais sejam empenhados/as e credíveis trabalhadores/as, mais perto se estará do sindicato ideal.

Deixar de "olhar de lado" outros movimentos sociais e outras reivindicações que podem parecer "estranhas" só poderá contribuir para o alargamento e diversidade da base de apoio necessária à longevidade do sindicato enquanto organização de defesa dos direitos dos/as trabalhadores/as. É um facto que activistas, trabalhadores e intelectuais, mais ou menos radicais, em todas as épocas, têm-se oposto às consequências nefastas que o sistema capitalista, em espiral desde a Revolução Industrial, na mira cega do máximo lucro no menor espaço de tempo, endossa aos trabalhadores. Mas a luta sindical é uma luta contra os efeitos do capitalismo e não contra as suas causas. Daí a necessidade de alianças com outro tipo de movimentos sociais que, em cada momento da história, interpretam as preocupações da sociedade para além do trabalho. É que o sindicalismo relaciona-se transversalmente com a economia, o direito, a política, a sociologia, a saúde, a psicologia, o ambiente...

Não obstante o sindicalismo de *oposição*, de *integração* ou de *controlo*, sindicalismo de *contestação*/sindicalismo de *negociação* serem algumas das muitas classificações encontradas na literatura[2], não pode também esquecer-se a noção de *sindicalismo de movimento social* proposto por vários autores como Kim Moody (1997) ou Peter Waterman (1998), em nome de uma "solidariedade global" em substituição do internacionalismo operário e socialista, ou melhor, propondo uma solidariedade complexa para uma globalização complexa.

---

[2] Em *Sociologia do Trabalho – Uma Introdução*, Freire (2001) apresenta uma classificação bastante pormenorizada. Uma revisão completa destas tipologias pode ser encontrada em Costa (2005), *Sindicalismo global ou metáfora adiada? Discursos e práticas transnacionais da CGTP e da CUT*. Veja-se igualmente o capítulo 1 deste livro.

Os contornos de um *sindicato ideal* que aqui pretendo desenvolver não põem de lado estas (e outras) tipologias. Todavia, as secções seguintes visam sobretudo realçar, por um lado, a suas *condições de execução* e, por outro lado, os seus *métodos* e *lutas*.

2. Condições para a implementação de um sindicato ideal

Sendo os sindicatos compostos por pessoas (dirigentes ou associados/as), com toda a carga potencial de realização positiva inerente ao ser humano em geral, eles não escapam ao erro, à teimosia ou à ignorância. No entanto, como em todas as actividades humanas, os percursos devem ser, quando possível, previamente escolhidos e limpos de escolhos, devendo haver humildade para voltar atrás e rectificar rumos. Errar é próprio de quem decide e executa, pois cada decisão comporta em si alguma espécie de remorso ou arrependimento, já que nunca se sabe como seria se se tivesse optado por uma outra via.

Não rejeitando alguma dose de improviso que muitas situações requerem, também no âmbito da acção sindical, advogo uma estratégia delineada e planeada, com tarefas atribuídas por diversos pelouros e com uma avaliação periódica e prestação de contas ao colectivo pelos responsáveis dos vários departamentos.

Assim, entre muitas outras linhas de actuação possíveis, elejo e elenco as que se seguem, como essenciais ao sucesso de um sindicato, sendo que algumas são uma escolha e decisão que parte de dentro da organização e outras que, por serem externas e da responsabilidade de entidades *outras* (Estado, tribunais, entidades patronais), lhe escapam e condicionam o objectivo de construção do sindicato ideal. Espera-se que, no seu conjunto, tais linhas possam reforçar a reflexão quer de dirigentes sindicais, quer de todos/as os/as trabalhadores/as que, independentemente do maior ou menor grau de autonomia ou especialização, não se encontram ainda organizados/as em comissões de trabalhadores/as e filiados/as sindicalmente[3].

2.1. *A força dos laços fracos – o/a delegado/a sindical no local de trabalho*

Além dos vários órgãos sociais (formais e legais) que constituem um sindicato (Direcção, Conselho Geral/Nacional, Conselho Fiscal e Conselho Disciplinar,

---

[3] Como sucedeu com muitos trabalhadores da Qimonda Portugal, que até ao dia do surpreendente anúncio da iminente falência da empresa, no início de 2009, nunca tinham sentido a necessidade de se organizarem. O tipo de emprego técnico com especialização/ /remuneração média-alta a isso terá conduzido.

comissões especializadas) encontramos a figura do/a delegado/a sindical, elo de ligação em duplo sentido entre a Direcção e os trabalhadores/as nos locais de trabalho. Quanto mais bem urdida for esta rede, maior será o conhecimento e a sintonia base-topo/topo-base que legitima muitas decisões e o próprio rumo decidido pela Direcção.

A competência dos dirigentes e delegados/as sindicais eleitos em cada local de trabalho (sabendo que isto nem sempre é possível, até pelo cada vez menor número de trabalhadores/as em cada unidade) é um requisito essencial para uma acção sindical frutífera, quer na relação que se estabelece com os parceiros sociais e entidades patronais, quer com o reconhecimento percebido pelos/as trabalhadores/as. Dito de outro modo, não deve ser dirigente sindical quem quer, não o deve ser quem for considerado mau/má trabalhador/a pelos/as colegas. Refira-se que em países como Portugal, em que o ordenamento jurídico-laboral impede a transferência do/a delegado/a sindical, isto pode ser um factor de angariação de quem, à partida, não tinha as melhores qualidades para exercer o cargo. No entanto, se é resultado de uma eleição pelos/as colegas de trabalho e não nomeado/a pelas direcções sindicais, como em alguns casos acontece, pouco mais resta à Direcção do que aceitar, até que algum facto, por acção ou omissão, possa questionar esta eleição.

Já a competência dos elementos em lugares de direcção sindical é cada vez mais uma questão que exige o máximo profissionalismo. Não confundir com profissionalização, ou seja, não devem as tarefas chave ser desempenhadas por quem é estranho à empresa ou à profissão. Também aqui se liga a questão da remuneração: como princípio, nenhum dirigente sindical deve auferir mais do que auferiria no seu local de trabalho, ao lado dos seus colegas, desempenhando o seu ofício. Com a globalização e a rapidez das transformações no mundo do trabalho e na economia, com a chamada às mesas de concertação social e às mesas de negociação com as entidades patronais (públicas e privadas), este atributo deve ser uma característica de base do sindicalista que, no entanto, deve estar em constante auto-formação individual e participar também em módulos específicos de formação, fornecida por centrais sindicais, por institutos académicos e até universidades, com quem podem e devem ser realizadas parcerias.

Se, em muitas situações, a negociação colectiva ou a legislação nacional permite que os sindicatos beneficiem do pagamento do salário dos dirigentes sindicais pela empresa ou serviço de origem, total ou parcialmente, outras há em que os cofres sindicais têm de suportar as eventuais diferenças de salários e prémios, já que o trabalhador não deve ser beneficiado nem prejudicado por ser sindicalista.

Encontram-se na literatura sobre organização sindical, especialmente no mundo anglo-saxónico, exemplos de organizadores ou angariadores sindicais, contratados especialmente para o efeito, para o contacto e sindicalização de trabalhadores, quando estes estão muito dispersos geograficamente, ou muito isolados, em situações precárias e até ilegais. Aparentemente esta opção tem dado alguns resultados positivos. Não há tradição entre nós deste tipo de abordagem, que não considero adequada para a actividade sindical.

2.2. Abertura ao "estranho" e ao global

Não é difícil concordar com Hermes Costa (2005) quando este afirma que o sindicalismo global do século XXI será tanto mais bem sucedido politicamente quanto melhor se articular com outros "globalismos" (mulheres, direitos humanos, grupos ecológicos, consumidores, pacifistas) e com outras causas (diferença sexual, multiculturalismo, cidadania, ecologia, ambiente). Toda esta panóplia de temas não fazia, até há pouco tempo, parte das preocupações dos sindicatos. Isto explica o carácter circundante de algumas lutas. Actualmente, é com agrado que se verifica uma atenção crescente a todas estas áreas. Por exemplo, a CGTP inseriu no seu plano de actividades de 2009 um ponto dedicado às questões do "ambiente, defesa do consumidor, economia social e desenvolvimento sustentável". Neste plano apela-se aos sindicatos filiados para uma sensibilização interna, nas suas sedes e delegações, e externa, junto dos seus associados e trabalhadores em geral, dando como exemplo a reciclagem de consumíveis ou a poupança de papel e energia.

As preocupações com as agressões ao ambiente e o esgotamento de recursos naturais, um pouco por todo o mundo, levou a OIT, em parceria com as Nações Unidas, a Organização Internacional de Empregadores e a Confederação Sindical Internacional a estabelecer como prioridade, para sair da profunda crise em que o mundo está mergulhado, enfrentando as alterações climáticas, a criação de *Green Jobs*[4], empregos que respeitam o ambiente, contribuindo para um desenvolvimento sustentado.

São, assim, um desafio para o sindicato ideal todos os novos temas relacionados com a mudança de paradigma que a crise actual instalou, exigindo-se

---

[4] Relatório "Green Jobs: Towards decent work in a sustainable, low-carbon world UNEP/ /ILO/IOE/ITUC, September 2008" in http://www.unep.org/labour_environment/PDFs/ Greenjobs/UNEP-Green-Jobs-Report.pdf

que participem nos riscos de ajudar a encontrar novas soluções, redireccionando trabalhadores, também através da formação e fornecimento de informação sobre as novas profissões em que já se identifica um hiato de competências *(skills gap)* e falta de mão de obra qualificada. O relatório atrás referido usa mesmo a expressão *green collars* para estes novos trabalhadores, na sequência das precedentes eras históricas do mundo do trabalho, *blue collars* e *white collars*.

Um outro tema caro aos sindicatos relaciona-se com o tempo de trabalho. Neste capítulo, a luta sindical demorou quase um século a chegar à semana de 40 horas. Se por um lado se trabalha ainda hoje mais no Japão, China ou EUA, na Europa é dado o exemplo de libertação para o lazer ou formação, em países como a Bélgica, Holanda e Dinamarca, em que aumentaram os empregos a tempo parcial, com estímulos e subsídios estatais. Em muitos enquadramentos jurídicos tenta-se a liberalização desta temática, remetendo para a contratação colectiva a possibilidade dos sindicatos negociarem (leia-se cederem) novas formas de organização do horário de trabalho (como o chamado banco de horas).

O desenvolvimento de alianças com outros movimentos e organizações exteriores ao movimento sindical em torno de objectivos de desenvolvimento e justiça social é um dos princípios e caminhos apontados pela publicação *Estratégias Sindicais Inovadoras*, de Dirk Kloosterboer. Nela se refere que muitas vezes são necessários doze anos para ver os efeitos positivos de certas medidas e estratégias implementadas.

Nesta senda se pode englobar a criação do Movimento de Trabalhadores Desempregados, cujo lema é "a solidariedade entre desempregados e aqueles que estão na iminência de o ser, bem como de cooperação com as franjas mais desfavorecidas da sociedade".

As instituições de diálogo social, os Governos e a OIT, através de ratificações de directivas produzem regulação, por pressão também dos sindicatos. A liberdade sindical não pode ser só proclamada. Precisa também de facilitadores. O exercício dos direitos de liberdade sindical e de negociação colectiva requer a criação de condições favoráveis. Condição *sine qua non* são as instituições que vivifiquem a negociação colectiva e a resolução de conflitos, empoderadas por um quadro legal protector e garantista. O papel do Estado neste domínio é considerado indispensável. Daí a importância da ratificação (primeiro e simbólico acto) e, mais ainda, do cumprimento das Convenções da OIT, especialmente a 87ª e a 98ª.

2.3. Efectividade das leis – Estado, Tribunais

Se é importante a aprovação e validade de leis avançadas e justas – função legislativa – tão ou mais importante é a possibilidade do seu usufruto em liberdade, a sua aplicação e o rápido sancionamento da sua não aplicação – função executiva e judicial.

Pena é que a OIT não tenha uma espécie de Tribunal Internacional, de cariz sancionatório, que receba as queixas retidas ou não aceites nos tribunais nacionais. O actual redesenho das instituições internacionais, (que tanto se tem pedido a propósito da crise financeira e económica), bem poderia incluir o reforço de poderes deste tipo à OIT. Como o que se passa quanto a muitos outros aspectos, parece ser uma oportunidade perdida.

Se a sociedade não é ideal, os desvios identificados, como restrições ao direito de greve, despedimentos em massa, assédio, prisão, violência e assassinato de sindicalistas[5], deveriam ser denunciados e reportados pelo sindicato ideal, que teria a resposta célere e adequada da sociedade que anseia por ser ideal. Dir-se-á que, neste cenário utópico, os sindicatos seriam desnecessários...

Para Casimiro Ferreira (2005), a fraca litigação não significa ausência de problemas, é antes um sinal da fraca democracia e do mau funcionamento da justiça, em que "apesar de se ter potenciado o sistema de acesso ao direito e à justiça laborais, persiste uma discrepância entre a procura potencial e a procura efectiva de justiça".

Uma observação de alguns gráficos[6] elaborados pela OIT é bem sugestiva da percepção de justiça e de segurança no trabalho, comparando países europeus. Perversamente, onde se diz existirem leis laborais mais rígidas – *red tape* – como em Portugal, é onde os trabalhadores se sentem menos seguros quanto à possível perda de emprego...

Outra limitação à liberdade sindical é o impedimento da negociação colectiva que atinge certos sectores de trabalhadores, como funcionários públicos, trabalhadores agrícolas, domésticos e marítimos, em diferentes países.

Um caso comum de ingerência do Estado é a subordinação da negociação colectiva à política económica nacional[7]. Em final de Março de 2010, ainda a

---

[5] Que ainda ocorre em muitos lugares do mundo, com mais incidência na América Latina.
[6] http://www.ilo.org/public/english/region/eurpro/geneva/download/cornelissen_report.pdf
[7] Caso dos aumentos salariais na Função Pública, em Portugal (2009), em que o Governo determinou, sem negociação, a percentagem de incremento salarial. As declarações do go-

propósito da grave crise financeira e do elevado défice de Portugal, o Governo instruiu as empresas de capitais públicos (ainda que de gestão privada e sujeitas a todas as regras de concorrência) no sentido de congelar quaisquer negociações salariais ou outras que indirectamente importem em custos monetários.

Um outro pilar importante para relações laborais justas, se não ideais, é a vertente da aplicação da justiça, da celeridade ou não que os tribunais de trabalho imprimem aos processos que lhes chegam. Segundo o advogado especialista em Direito de Trabalho, Garcia Pereira, em declarações ao Jornal de Notícias, em 25-6-2009[8], à margem de uma conferência promovida pela própria Autoridade para as Condições de Trabalho (ACT), sobre o Código de Trabalho, os tribunais de trabalho estão em situação de hecatombe, tendo a duração média de tratamento dos processos passado de um ano para dois ou três. Acrescem os factores das custas judiciais, que tornam a justiça cada vez mais inacessível, levando muitos trabalhadores a desistir por falta de meios económicos. A própria classe profissional dos advogados, segundo aquelas declarações, sente-se confusa com a profusão de legislação laboral.

O Código de Processo de Trabalho, cuja revisão foi aprovada em final de Junho de 2009, foi acusado, por algumas forças políticas de esquerda, representadas no Parlamento, de sofrer de ilegalidades e inconstitucionalidades formais.

2.3.1. *A inspecção do trabalho (ACT)*
A fiscalização das condições de trabalho em Portugal é efectuada de forma deficiente e deficitária no que concerne à quantidade de quadros inspectivos[9]. Apesar da tomada de posse de mais 150 elementos nos finais de 2008 e Maio de 2009, a relação número de inspectores/número de trabalhadores está ainda aquém das necessidades e do número fixado pelo próprio Governo como aconselhável (550).

---

vernador do Banco de Portugal sobre a necessidade de contenção salarial também limitaram as hipóteses de negociação salarial.

[8] http://jn.sapo.pt/PaginaInicial/Policia/Interior.aspx?content_id=1272850

[9] Em Portugal, conforme Relatório Anual 2007 do próprio organismo, a ACT tinha, por preencher, mais de 100 vagas de técnicos de inspecção do trabalho. Em pergunta sobre esta problemática dirigida ao Ministério do Trabalho e da Solidariedade Social, pelo PCP em 7 de Maio de 2009, foi referido que estavam em funções apenas 250 inspectores.

Todas as queixas e reclamações efectuadas por sindicatos e confederações sindicais, ao nível nacional ou regional e até por iniciativa de empresas ou associações de empregadores/instituições (devido à concorrência desleal), representam uma importante frente de controlo da boa aplicação/efectividade das leis laborais em geral. Por isso, em muitos discursos sindicais pode encontrar-se um clamar/reclamar por uma ASAE[10] das condições de trabalho. No encerramento do XI congresso da CGTP, em Fevereiro de 2008, Manuel Carvalho da Silva referia mesmo o seguinte: "A Inspecção do Trabalho está anestesiada, quase deixou de sancionar as infracções por mais graves que elas sejam; passou a ser pretensamente pedagógica em vez de sancionatória, e de fazer avisos em vez de fazer cumprir".

O sindicato ideal, com uma rede de delegados/as ancorada nos locais de trabalho e uma rede de telecomunicações em tempo real (Internet, SMS), conseguiria deste organismo governamental uma visita acompanhada por dirigentes sindicais. Mas isso não está previsto na legislação laboral. Por isso, uma legislação laboral comprometida com o cumprimento das leis, deveria contemplar esta possibilidade, já que a realidade deve guiar a produção legislativa. E responder-se-ia assim, afirmativamente, à questão treze de um conjunto de catorze questões, relativas ao controlo da aplicação da legislação e ao trabalho não declarado, no *Livro Verde das Relações Laborais da Comissão das Comunidades Europeias* (2006)[11]: "É necessária maior cooperação administrativa entre as autoridades competentes, de modo a poderem controlar mais eficazmente o respeito do direito do trabalho comunitário? Podem os parceiros sociais desempenhar algum papel nesta cooperação?"

Infelizmente muitos trabalhadores colaboram na fuga[12] ao controle da inspecção de trabalho e existem focos de promiscuidade entre as hierarquias de muitas empresas e as equipas inspectivas.

E quem fiscaliza a inspecção de trabalho? Esta é uma pergunta legítima que pode ser feita aqui. Sendo um organismo do Estado central, a sua actuação deve ser, por um lado, totalmente isenta de pressões ou corrupção e, por outro

---

[10] Autoridade para as Actividades Económicas em Portugal, que tem actuado forte e mediaticamente na fiscalização de restaurantes, comércio, provocando encerramentos compulsivos e moralizando práticas de desleixo sanitário.

[11] http://eur-lex.europa.eu/smartapi/cgi/sga_doc?smartapi!celexplus!prod!DocNumber&lg=pt&type_doc=COMfinal&an_doc=2006&nu_doc=708

[12] Chegando a esconder-se em casas de máquinas e de elevadores, casas de banho, fugindo por portas traseiras, isto no sector bancário, que conheço directamente.

lado, um exemplo de correcção quanto aos vínculos laborais dos seus colaboradores. Ora, segundo o *Diário de Notícias*, de 14-12-2008[13], cerca de 50 juristas estão a trabalhar há quase cinco anos para a Autoridade para as Condições do Trabalho (ex-Inspecção Geral do Trabalho) com recibo verde, sem que a sua situação laboral tenha perspectivas de se regularizar. "Achamos sintomático que seja a própria entidade que tem por missão fiscalizar o cumprimento da legislação laboral a manter trabalhadores regulares como se fossem eventuais", diz um jurista avençado. Entretanto, cerca de dois mil processos podem prescrever devido à impossibilidade de os estagiários, sozinhos, poderem levantar autos[14].

Vale, pois, a pena perguntar o seguinte: estarão estas estruturas apetrechadas tecnicamente para lidar com os novos riscos, na área da saúde, higiene e segurança, dos produtos tóxicos, do tráfico de seres humanos e imigração clandestina?

Um sindicato ideal deve denunciar todo o tipo de atropelos e exigir até, se necessário, a troca de equipas regionais para contornar diversas ilegalidades e alguma possível promiscuidade institucional[15]. Não devendo esmorecer, deve lembrar publicamente que se estão a prejudicar não apenas os trabalhadores, mas também o próprio Estado e a sociedade em geral, desde logo com a fuga a contribuições sociais e a impostos que desvirtuam os indicadores de desenvolvimento.

O reforço dos serviços públicos que acompanham o mundo do trabalho, incluindo os serviços inspectivos, é uma das recomendações e linha de acção da OIT, para ultrapassar a grave crise económica e de emprego (*Global Jobs Pact*, publicado em 16 de Junho de 2009). Espera-se que algumas lições sejam retiradas e que estas indicações sejam acolhidas por todos os países.

2.4. *Transparência contabilística, supervisão, saúde financeira*

A necessidade de autonomia financeira e de uma fiscalização interna através de órgãos sociais eleitos e mesmo de esporádicas auditorias externas são requisitos de credibilidade quase esquecidos na teoria e na prática sindicais.

---

[13] http://dn.sapo.pt/inicio/interior.aspx?content_id=1137372

[14] http://www.correiomanha.pt/noticia.aspx?contentid=F01A504E-3EF6-4072-8DCD-FE4F5FF7D7FF&channelid=00000011-0000-0000-0000-000000000011

[15] Já aconteceu com o meu sindicato, por suspeitas desta promiscuidade provinciana, ter sido solicitada a intervenção de equipa inspectiva de outra região, tendo sido aceite e de resultado sancionatório relativamente a sistemático trabalho suplementar não remunerado.

Ao abrigo de regimes fiscais benévolos, devido ao objecto social de fim não lucrativo deste tipo de associação, há tentações diversas que nada abonam em favor daquela credibilidade.

É necessário que um órgão – "Conselho Fiscal" – seja capaz, independente e exigente quanto ao modo de prestação de contas. Para isso deve ser tecnicamente competente. É um dos órgãos em que é admissível a participação de trabalhadores reformados, que assim se mantêm ligados ao sindicato, dando a sua experiência acumulada e o seu saber.

Não basta combater a informalidade no mercado de trabalho, é também necessário eliminá-la dentro de portas, quanto às questões contabilísticas. O apelo externo à fuga indirecta aos impostos, devido a más práticas instaladas na sociedade (especialmente em Portugal e outros países do Sul/Mediterrâneo) deve ser combatido. Isto apesar da tentação de estancar, também por esta via, a sangria dos cofres sindicais motivada pela redução de receitas. Daí, a necessidade de um regulamento interno bem claro e o mais exaustivo possível quanto à admissibilidade e forma dos documentos das transacções de aquisição de bens e serviços. Ele será uma ferramenta sempre incompleta, mas que deve estar constantemente em discussão, aperfeiçoando as falhas e omissões que sempre existirão, sanando-as em subsequentes reformulações do regulamento de funcionamento.

Dou aqui o mau exemplo francês que veio a lume em Janeiro de 2008, que envolve um dirigente da CGT[16], lembrando que a não obrigatoriedade de prestação de contas é de... 1884.

A saúde financeira, que permita assegurar com independência o funcionamento da estrutura e das suas actividades, é outro quesito importante. Intimamente ligadas a este objectivo estão as grandes questões das taxas de sindicalização, das quotas sindicais, sua forma de cobrança e outras formas de financiamento das estruturas sindicais. Cabe aqui referir os casos de alguns países em que as centrais sindicais se envolvem activa e legalmente nas cam-

---

[16] "Tandis que les révélations concernant Le Duigou sortaient au grand jour, la CGT publiait ses comptes officiels pour 2006, soulignant ses liens avec l'Etat français et la bureaucratie para-étatique. C'était une première pour la CGT, qui selon la loi Waldeck-Rousseau de 1884 concernant le financement des syndicats, n'est pas tenue de publier ses comptes. D'après la CGT, sur un budget total de 111 millions d'euros en 2006, plus de 25 millions provenaient des caisses de l'Etat et de la sécurité sociale (http://www.wsws.org/francais/News/2008/jan08/digu-j12.shtml)

panhas eleitorais (como foi o caso da eleição de Barack Obama, nos EUA), levando a grandes desequilíbrios financeiros[17].

2.5. Os dirigentes – ética e coesão. Pluralismo com independência partidária
Por contraponto à crítica da não renovação geracional dos dirigentes sindicais, é sabido da dificuldade actual de angariar novos quadros sindicais. Mas este escolho não deve abrir as portas a qualquer um/a que se voluntarie para este árduo papel. Uma das condições para o funcionamento de um sindicato ideal é a confiança, honestidade e a consideração, também a nível profissional, que os trabalhadores reconhecem ao representante sindical. Como nas críticas frequentes aos políticos, o sindicalista não deve poder servir-se do cargo para qualquer promoção ou vantagem que não se enquadre no normal desenvolvimento da sua carreira profissional[18].

2.5.1. Respeito e liberdade de expressão
Algum conhecimento pessoal prévio (quando possível) entre os vários dirigentes sindicais que compõem um órgão directivo e o debate interno aberto, sem que alguns se sintam coibidos de dar a sua opinião, é uma condição que ajudará à coesão de uma equipa dirigente sindical.

A credibilidade de uma organização sindical deve ser mantida internamente, junto dos seus associados, mas também junto dos opositores patronais e até junto da opinião pública, quando certas acções e formas de luta podem gerar mal entendidos. A construção de uma prática geradora de credibilidade nas negociações com a entidade patronal, o atempado tratamento e resposta às dúvidas e problemas dos sindicalizados, fazendo do sigilo uma religião, são condições chave para o sindicato ideal.

2.5.2. Partidos, militância. Independência, precisa-se?
Uma das críticas mais persistentes ao movimento sindical é a dependência de agendas políticas de certos partidos, na sua actuação. Estas críticas vêm tanto de fora como de dentro – dos próprios trabalhadores e associados. Muitas

---

[17] Como noticiado em 11-6-2009, pelo *The Wall Street Journal*, (http://online.wsj.com/article/SB124458836591599769.html)

[18] Em 24.11.2008 um Tribunal alemão condenou um ex-presidente de uma associação sindical e representante do Conselho de Empresa Europeu (CEE) na SIEMENS, por ter recebido mais de 30 milhões de euros para fundar um novo sindicato que enfraquecesse o poderoso sindicato IG-Metal.

vezes, e em situações de tensão social (greves gerais, manifestações, acordos importantes de concertação social), esta crítica é veiculada na comunicação social, através dos *opinion-makers* de serviço e mesmo em artigos académicos.

Mesmo que se limpe da memória sociológica colectiva e da própria história do movimento sindical (especialmente no Reino Unido, o *Labour Party*), o facto de muitos partidos políticos, na sua génese, serem precisamente o resultado da força organizada do mundo do trabalho a querer influenciar as políticas nacionais, a seu favor, é uma questão que, não sendo falsa, é mais um álibi para denegrir e retirar razão às aspirações sindicais.

Diria antes que mesmo num Estado democrático ocidental, variando o grau conforme a cultura e herança democráticas, a influência partidária é transversal a todas as organizações da sociedade civil que, de alguma forma, podem deter poder, distribuir recursos, nomear pessoas, mesmo que pelo tráfico invisível de influências, para cargos de relevância social.

Como negar a cada indivíduo que, de acordo com a sua preferência e posicionamento no espectro político, se isso lhe for permitido e garantido, tente influenciar a transformação social no sentido das suas próprias escolhas e crenças? Se não forem os sindicatos a fazer pressão junto dos órgãos municipais, deputados ou governos, pelos aumentos salariais, pelo melhoramento das matérias de saúde e segurança no trabalho, quem o fará?

Sendo que há falta de participação cívica a todos os níveis, também no movimento sindical a mera associação é um primeiro passo para recepcionar informação sindical e, porque não dizê-lo, política? O sindicato ou a central sindical, em momentos chave (como o referendo sobre a interrupção voluntária da gravidez, em Portugal) não se deve abster de emitir a sua opinião e de tentar influenciar o sentido de voto dos seus membros. Como tantas outras matérias que não são *stricto sensu* de interesse laboral, há uma componente que influencia o quotidiano dos/as trabalhadores/as e que por isso mesmo merece e exige o empenhamento sindical com o propósito de influenciar o resultado.

Em Portugal, os líderes das duas maiores centrais sindicais, CGTP e UGT, são militantes do Partido Comunista e do Partido Socialista, respectivamente. Se João Proença (UGT) até faz parte de uma comissão política do partido, Manuel Carvalho da Silva (CGTP) faz questão de referir que é apenas um militante de base, tendo encontros com responsáveis de todos os partidos. Os órgãos directivos das centrais sindicais são compostos por elementos de várias tendências partidárias, havendo no entanto uma linha de fronteira ideológica que não é pisada. Enquanto na CGTP são frequentemente mencionadas as facções comunista, "bloquista", socialista, católica e independente, dificilmente na UGT outras, além da social-democrata e socialista, são referidas. Carlos Trindade, pertencendo à CGTP e à Comissão Política do PS é um caso exemplar deste *mix* ideológico-sindical que aos detractores não interessa divulgar, preferindo, por vezes, lançar a suspeição sobre a militância empenhada do sindicalista.

Nos últimos tempos, no Brasil, a CUT, herdeira de uma tradição de contestação sindical, tem sido acusada de ter "amolecido" ou mesmo suspendido as suas críticas ao governo, por este ser de Lula da Silva, um ex-sindicalista de esquerda, estando assim ideologicamente comprometida.

E outros exemplos podem ser reportados, como em Inglaterra o caso do financiamento directo do Partido Trabalhista pelo *Trade Unions Congress* (TUC), central de sindicatos inglesa que reúne 90% dos sindicatos[19]. Outra central deste país, a *Britain's General Union* (GMB), que alberga essencialmente *white-collars*, 'forneceu' 80 deputados ao Partido Trabalhista em 1997. Por sua vez, nos EUA a grande confederação *American Federation of Labor and Congress of Industrial Organizations* (AFL-CIO), não tendo filiação partidária, dá apoio a candidatos ao Congresso e não esconde o seu apoio nas eleições presidenciais, normalmente ao candidato democrata. E os empregadores e *lobbies* económicos contribuem também através das suas associações em proporções de dez para um, relativamente aos sindicatos.

Há, assim, um leque bem diversificado de preferências ideológicas e posicionamentos político-sindicais. Espera-se o crescente acesso à informação, esclarecimento e até o aumento da literacia global de todos/as os trabalhadores/as que, em cada momento, saberão fazer as suas escolhas e escolher o lado certo da barricada, já que a neutralidade ou o "sentar na sebe" nem sequer chega a ser uma opção.

2.6. Alargamento e inovação dos conteúdos da negociação colectiva

Quanto aos conteúdos incluídos na negociação colectiva, eles têm de reflectir as mudanças no mercado de trabalho e na própria sociedade. Do teletrabalho à protecção dos dados pessoais, do uso da Internet e das questões da inviolabilidade do acesso *email* fornecido pela empresa às questões da discriminação de trabalhadores homossexuais, ao tema da saúde, higiene e segurança, tudo deve ser discutido, internamente, no sindicato ideal, que preparará a apresentação, em sede de negociação colectiva, de todo o tipo de propostas que possam vencer e convencer a outra parte, a entidade patronal.

---

[19] ICTUR (2005), *Trade Unions of the World*. (6th Edition).

A constituição dos grupos negociadores por parte dos sindicatos deve reflectir, em primeiro lugar, a preparação técnica e o à vontade nas matérias a discutir, devendo ser compostas em equilíbrio de género, por mulheres e homens.

Reestruturações, privatizações e renacionalizações em sectores chave, como a saúde, educação, banca ou energias, provocam grandes alterações ao nível da negociação colectiva, que importa acompanhar.

Dados sobre as tendências da negociação colectiva revelam que a negociação ao nível da empresa ou grupo empresarial está a aumentar, que não tem evoluído no sector público e que as questões abordadas nas convenções colectivas tendem a aumentar e a diversificar.

Responsabilizar os parceiros sociais pelos bloqueios, divulgando os motivos e envolvendo os trabalhadores nas possíveis saídas para estes bloqueios é uma tarefa em que os sindicatos têm de ser persistentes e criativos.

Numa palavra, exige-se aos sindicatos um novo olhar sociológico para os seus representados, para poderem sobreviver na vertiginosa globalização que tende a nivelar direitos laborais por uma baixa fasquia, devido aos níveis elevados de desemprego a que a actual crise financeira e económica conduziu, ainda sem fim à vista nos receosos e catastróficos diagnósticos das instituições internacionais, desde a OCDE, FMI ou OIT.

2.7. *Aconselhamento e assistência jurídica 24 horas, 7 dias*

Secundando uma forte acção sindical de negociação e reivindicação, o apoio jurídico, quer de aconselhamento prévio e cautelar em situações de pré-litígio do foro laboral, quer de patrocínio jurídico propriamente dito, constitui um pilar de ancoragem fundamental para um sindicato ideal. Este serviço ou seguro jurídico, é ou deve ser, em princípio, prestado gratuitamente aos sindicalizados.

O sucesso da litigação será o sucesso do sindicato, pois o conhecimento e divulgação, (que deve ser anónimo) dos casos surgidos, colhe reconhecimento e aceitação junto dos/as associados/as e angaria filiados/as junto dos/as que ainda não o são. Muitas vezes, é perante um caso concreto, mesmo que relatado em abstracto (por exemplo, na revista do sindicato), que um/uma trabalhador/a toma consciência da sua fragilidade, valorizando, como tal, a filiação e intervenção sindical. Mesmo que haja poucas hipóteses de ganhar um diferendo laboral, o sindicato deve incentivar o/a trabalhador/a a não desistir à partida. Afinal, se nada se fizer, o problema ou se mantém ou tenderá a agravar-se, para aquele/a e para outros/as.

Num sindicato ideal do século XXI deve aproveitar-se toda a tecnologia disponível. Através de telemóveis, opções de encaminhamento telefónico, linhas de número azul gratuitas ou de baixo custo, é possível responder a qualquer tipo de "urgência" que os/as trabalhadores manifestem, em conflito ou pré-conflito laboral. Mesmo sendo, em muitos casos, um falso alarme, é uma oportunidade de contacto e apoio psicológico que fomenta a confiança entre os/as trabalhadores/as e os representantes sindicais. E este serviço, sempre que possível, deve ser prestado 24 horas por dia, em 7 dias da semana, ou pelo menos em todos os dias/turnos em que trabalhadores/as associados/as podem estar de serviço. Um serviço de gravação de mensagens, que também é hoje em dia gratuito, é outra ferramenta que liberta alguns custos do atendimento burocrático, presencial.

Dependendo da capacidade financeira, da quantidade de sócios e da frequência de incumprimentos do sector, actividade ou profissão, bem como da litigação subsequente, o apoio jurídico pode ser efectuado em sistema de avença externa, com atendimento ou em instalações adequadas (privacidade) do próprio sindicato, aos quais os juristas se deslocam, ou nos gabinetes exteriores dos mesmos.

Esclarecimentos no âmbito dos direitos (faltas, carreiras, progressões, estatuto trabalhador-estudante, regras sobre parentalidade) ou questões mais delicadas (ameaças, despedimentos, assédio sexual, assédio moral, processos disciplinares) são tratados, conforme o grau de complexidade, pelo dirigente sindical ou pelo jurista.

Um sindicato ideal oferece ainda toda a ajuda possível aos trabalhadores contratados a termo ou ilegais, mesmo se não sindicalizados[20], encarando esta acção como um "investimento" numa filiação futura.

2.8. *Quotas sindicais e quotas de género*
Atente-se agora numa citação retirada do Relatório da V Conferência Igualdade Mulheres e Homens da CGTP, realizada em Maio de 2009[21], que teve como lema "Agir em Igualdade, Lutar para Mudar": "A ausência da partilha das

---

[20] Recorrentemente, em especial em tempos de abundância de membros, alguns sindicatos não abriam as portas a quem não era sócio, normalmente por razões estatutárias. No entanto, outros contornam esta situação com o pagamento de quotas em retroactividade, correspondentes a um certo número de meses.

[21] http://www.cgtp.pt/index.php?option=com_content&task=blogcategory&id=168&Itemid=255

tarefas domésticas provoca desequilíbrios na participação das mulheres no domínio público e dos homens na esfera familiar e não promove a igualdade entre mulheres e homens no seio da família, estimulando a propagação dos estereótipos sobre os papéis das mulheres e dos homens na família e, consequentemente, na sociedade".

O défice da presença feminina nos sindicatos, percentagem ainda baixa em Portugal face ao que sucede noutros países[22], sobretudo por oposição à presença equilibrada no mercado de trabalho[23], é uma potencialidade e um desafio à actividade sindical, já que ao contrário de muitos trabalhadores/homens ex-sindicalizados elas são um "exército" de reserva sindical, um vasto campo de manobra para a reaproximação ao universo e ao imaginário colectivo dos/as trabalhadores/as, que nenhuma outra organização ainda logrou retirar aos sindicatos.

Por analogia com o sistema de quotas nas eleições nacionais, espera-se que os sindicatos, com direcções ainda muito masculinizadas, mesmo que não adoptem oficialmente este regime polémico, o vão interiorizando como princípio a seguir, abandonando a postura do "Efeito Salieri"[24] (Ferreira, 2002).

Não é difícil acreditar que, assim que lhes sejam dadas as condições materiais e de conciliação da vida pessoal e profissional, o contributo agora desperdiçado de metade da humanidade trará novas lógicas de acção e quiçá novas soluções para os tão velhos problemas que o mundo do trabalho e os sindicatos enfrentam.

Em algumas profissões qualificadas, maioritariamente no sector público, em que se eliminaram muitas barreiras de acesso às mulheres e também em algum tipo de imprensa cor de rosa, pode haver uma falsa sensação de desnecessidade de lutas feministas, de comemorações do dia da mulher ou até da existência de comissões de igualdade. No entanto, apesar de toda a legislação de origem comunitária/europeia, que muito tem alimentado a legislação portuguesa, no sentido da eliminação de todas as formas de discriminação, todos

---

[22] Apenas em equilíbrio de sexos na Suécia, para trabalhadores por conta de outrem (TCO) como recorda José Nuno Matos (2007) em *Acção sindical e representatividade*, Lisboa, autonomia 27.

[23] A presença de mulheres a trabalhar por conta de outrem, em Portugal, tem correspondido às metas europeias. Já quanto à questão da igualdade de remuneração o *gap* salarial persiste em cerca de 30%.

[50] Sugestão de Salieri ao imperador para que conceda um lugar de músico a Mozart mas de remuneração inferior.

os indicadores, quadros e estatísticas, em menor ou maior dimensão, dão conta da diferença ainda existente, quer ao nível dos salários e dos ganhos, quer ao nível da remuneração média das reformas que muito prejudica as mulheres trabalhadoras. O mesmo se passa quanto à proporção[25] de mulheres em cargos de chefia nas administrações de empresas, públicas ou privadas.

Assim, só através da tomada de consciência de toda a sociedade relativamente a estes dados penalizadores para as mulheres se poderá atingir um equilíbrio entre os sexos nas esferas laboral, pessoal e familiar. Para este objectivo tem sido importante o contributo dos Planos Nacionais de Igualdade (PNAI), desde o estabelecimento das suas metas até à avaliação dos planos anteriores.

A sensibilização e disseminação destas linhas de orientação, através de todos os programas públicos e do funcionamento dos organismos especializados nas questões da igualdade como a Comissão para a Igualdade no Trabalho e no Emprego (CITE) e a Comissão para a Cidadania e Igualdade de Género (CIG), têm sido decisivos na estratégia global de combate às discriminações em função do sexo.

No plano sindical, ao nível das centrais sindicais nacionais, começam-se agora a vislumbrar resultados de programas que estão no terreno há algum tempo. Caso do *Equal*. No entanto, nas estruturas intermédias, Federações e Uniões Distritais, e nos sindicatos e locais de trabalho, é reconhecido um certo atraso e pouco empenhamento nesta causa fundamental.

Aos poucos os indicadores vão mostrando uma lenta mas constante subida de novas sindicalizações de mulheres, bem como um aumento de delegadas sindicais[26]. Esta subida não se repercute, contudo, ainda nas percentagens de composição de direcções sindicais de topo.

---

[25] Segundo notícia do Jornal *Público* - Economia de 28/03/2008, em Portugal, apenas sete mulheres exercem o cargo de administradoras executivas de empresas que integram o PSI20. Um número que representa 5,7 por cento do total dos administradores executivos destas empresas de topo que compõem a Bolsa de Valores de Lisboa (BVL). Ou seja, sete mulheres (em 5 empresas) num universo de 123 administradores executivos. Em duas delas existem relações familiares entre as mulheres administradoras executivas e o presidente do conselho de administração executivo.

[26] Em Portugal, conforme dados do Relatório de Actividades 2009 da V Conferência da CIMH/CGTP – Comissão de Igualdade entre Mulheres e Homens, as mulheres representam 54,3% das novas sindicalizações e 62,1% do total de delegados sindicais. Já a formação sindical foi frequentada por 38,4% de mulheres activistas/dirigentes. (http://www.cgtp.pt/images/stories/imagens/2009/06/documento_base.pdf e http://www.cgtp.pt/images/stories/imagens/2009/06/relatorio_actividades.pdf).

Salvaguardando o seu futuro como instituição, um sindicato ideal procurará assegurar um trabalho de atenção a esta problemática de metade da humanidade. Para isso deverá ter comissão/elemento responsável específica de igualdade e de não discriminação, em função do sexo, que procurará estar atenta, elencar dificuldades de conciliação entre a vida profissional e familiar e propor alterações.

Ao sindicato ideal compete, através da persistente divulgação de dados oficiais que vão sendo publicados ou até de estudos académicos que podem patrocinar ou em que podem colaborar, desmistificar a ideia feita de que há um grande ou maior absentismo laboral feminino derivado da maternidade. Há uma problemática de custos – visíveis e invisíveis – desta função social, que afecta empresas e mães trabalhadoras. Não importa apenas olhar para o absentismo presencial directo, já que esse é compensado pelo sistema de segurança social, mas também para problemas organizacionais da empresa. No entanto, o maior custo invisível tem sido pago pelas mulheres, com todas as desigualdades que as afectam, desde o menor salário à menor pensão, passando pelo stress no regresso ao posto de trabalho. O actual número de filhos por mulher activa[27] não estará longe das faltas ao trabalho numa vida activa média de um homem. Deverá antes ser chamada a atenção para o baixo valor que a sociedade tem dado à tarefa por excelência, mais valiosa, que é o criar, o cuidar de uma criança, de um ser humano.

O sindicato ideal tem de "provocar" os empregadores a candidatarem-se aos prémios de igualdade promovidos por entidades oficiais e revistas de especialidade[28]. Através da concertação social ou pela via da contratação colectiva podem implementar-se as melhores práticas nesta área.

Um novo patamar societal só será alcançado quando a sociedade exigir que uma empresa não possa invocar para si a responsabilidade social empresarial se, *ex-ante* e internamente, não aplicar medidas inovadoras de conciliação. Cumprir a lei (serviços mínimos) não pode/deve ser suficiente. E o sindicato ideal deve ser o "vigilante de serviço", com contrato a termo incerto, até à eliminação das barreiras atrás identificadas.

Apesar da contenção e controle de défice das contas públicas nos últimos anos (argumento dos Governos para que o Estado se retire/demita de funções ligadas à área social), o Estado, como grande empregador que ainda é, deverá

---

[27] Segundo o INE, em 2008 o índice sintético de fecundidade foi, em Portugal, de 1,37 crianças, por mulher.
[28] Como é o caso, em Portugal, do prémio promovido pela CITE e pela revista *Exame*.

aproveitar exemplos de medidas conciliatórias que algumas empresas aplicam. Há receios de que o Sistema Integrado de Avaliação e Desempenho na Função Pública (SIADAP), em Portugal, possa servir para prolongar jornadas de trabalho sem a respectiva retribuição, na ânsia de cumprir objectivos pré-definidos e conseguir prémios e promoções, à semelhança, aliás, do que se passa na actividade bancária, por minha observação directa e participante.

Será até necessário redefinir o que se considera um/a "trabalhador/a ideal" e o que é uma "carreira de sucesso". Estes estereótipos penalizam a mulher e, afinal, também não estão a beneficiar o homem.

Os sindicatos têm um triplo papel de denúncia (de incumprimentos/violações de acordos/leis), de reivindicação/proposição (propondo novas medidas, aceitando alguma flexibilidade com cláusulas protegidas) e divulgação (das boas práticas) à sociedade, aos/às trabalhadores/as.

Uma aproximação holística, que convoque todos os actores, é o desafio da sociedade para uma boa integração do trabalho, da família e da vida pessoal, em que o cuidar abandone a esfera privada e passe a ser uma responsabilidade assumida e valorizada, social e economicamente, por todos (Estado, sociedade, família, mulheres e homens), construindo a igualdade na diferença.

Os cofres sindicais podem ensaiar o pagamento de apoio de *babysitters* e animadores sociais para permitir a participação sindical, especialmente das mulheres. O aparente custo imediato pode transformar-se em mais associadas no futuro e, apesar de possível má interpretação, até a organização interna pode melhorar com a secular polivalência funcional feminina... desde que reconhecida.

E a terminar esta secção, vale a pena recordar que a Confederação Sindical Internacional (CSI-ITUC) tem como secretária-geral, eleita em Congresso com 50% de delegadas[29], desde Junho de 2010, uma mulher, Sharan Burrow (anteriormente já presidente desta mesma organização e da Confederação de Sindicatos Australianos – ACTU).

Ecoam aqui palavras de Alain Touraine, perante uma plateia de sociólogos: "a única força de resistência, hoje, contra a globalização, é o sujeito. As mulheres substituíram os operários como actores centrais da História. Elas não lutam pela igualdade de condições. Lutam, num primeiro nível, pela igualdade; num segundo nível, pela diferença; e num terceiro, pela invenção de uma cultura da subjectividade. Não há expressão política, não há expressão ideológica" (Jornal *Público*, 9/12/2007).

---

[29] http://www.ituc-csi.org/second-ituc-world-congress.html?lang=en

Talvez, neste pressuposto, se possa vir a reduzir também alguma da interferência partidária tão criticada aos sindicatos.

2.9. *Voluntariado de trabalhadores reformados* ("ma non troppo")
Actualmente toda a sociedade apela ao voluntariado como forma de colmatar a falta de meios humanos, nos mais diversos tipos de serviços sociais e de saúde. Aproveitando a disponibilidade de muitos/as trabalhadores/as que, pelas mais diversas razões, se aposentaram em idades ainda longe do que se pode, hoje em dia, considerar "inadequado", por que não aproveitar o conhecimento e disponibilidade destes "jovens"[30] reformados (muitos com idades entre os 50 e 60 anos) em múltiplas tarefas dentro dos sindicatos, deixando mais tempo de qualidade aos dirigentes sindicais, para que se dediquem àquilo para que foram eleitos, que é a acção sindical?

Este voluntariado deve, contudo, ser feito com conta e medida. Não devendo estas actividades ser remuneradas, pela própria definição de voluntariado, admite-se que os regulamentos sindicais reembolsem vários tipos de despesas (transportes, alimentação, alojamento) a estes especiais actores.

Como nas outras áreas em que se exerce voluntariado, também nos sindicatos há muito trabalho administrativo, de arquivo, contactos, estudo de dossiers, edição de boletins informativos, participação em pelouros de tempos livres e em protestos e manifestações. Assim se podem evitar situações que nada dignificam o movimento sindical, como em Agosto de 2009, no Brasil, quando uma central sindical angariou e pagou a estranhos para um protesto de rua, achando essa prática normal[31].

No entanto, no seguimento de regras aconselhadas internacionalmente, este tipo de trabalho deve restringir-se a algumas poucas horas mensais, já que, não sendo remunerado, pode dar lugar a abusos e retirar postos de trabalho permanentes ao mercado de emprego.

---

[30] Em Portugal, que seguiu o exemplo doutros países europeus, fruto de reestruturações, fusões e privatizações, principalmente nos sectores da banca, seguros e telecomunicações, muitos trabalhadores foram convidados a pré-reformarem-se com idades precoces e contra a vontade dos mesmos. No caso da PT-Comunicações, SA há técnicos reformados aos 48 anos que estão agora a trabalhar a tempo inteiro em empresas privadas, subcontratadas da mesma PT, acumulando a pensão de reforma com o vencimento na nova empresa.

[31] http://www.estadao.com.br/estadaodehoje/20090807/not_imp414909,0.php

Além de ser uma mais valia a não desperdiçar pelas organizações sindicais, este tipo de envolvimento de aposentados traz-lhes benefícios psicológicos salutares, sentindo-se úteis e pertencentes a um grupo, elemento de identidade que tanto escasseia na sociedade actual e que, estatisticamente, é motivo de depressão psíquica deste grupo social.

Nenhum aposentado/a/reformado/a pode afirmar que a questão sindical não lhe diz respeito... afinal, eles não desdenham, antes esperam ansiosamente todos os anos pela melhoria de condições de vida, em especial do valor pecuniário mensal, que é conseguido, em muitos casos, através da luta e negociação sindicais protagonizadas por quem está no activo.

2.10. *Serviços de lazer. Protocolos de descontos e parcerias*

No cumprimento de um capítulo de muitos estatutos sindicais que se referem à vertente cultural e lúdica, muitos sindicatos enveredaram pela prestação (directa ou indirecta) de serviços múltiplos na área do lazer e cultura, proporcionado preços mais reduzidos do que o mercado original desses mesmos produtos ou serviços.

Esta área de apoio não é tão pacífica quanto parece. A minha experiência sindical obriga-me a esclarecer este tópico. A sua inclusão na estrutura do sindicato ideal, deve resumir-se ao "quanto baste". Com efeito, em Portugal encontram-se exemplos de sindicatos (como os sindicatos dos Bancários//UGT) com uma tradição fortíssima nesta área, chegando a ser proprietários de apartamentos onde os sócios passam férias a preços mais acessíveis, ou a organizar grandes viagens internacionais, com possibilidade de pagamento em prestações. Estes serviços só são possíveis em sindicatos com grandes disponibilidades de tesouraria. Além de que há o perigo desta vertente se tornar demasiado pesada, inclusivamente em estruturas de apoio e pessoal necessário a sustentar estas opções, criando vícios de gestão e até episódios de pequena corrupção.

Já os protocolos de descontos oferecidos por muitas entidades privadas (hotéis, estabelecimentos de ensino privados, ginásios, etc.) são uma mais valia com custo zero para o sindicato, que poupa dinheiro aos sócios. Aquelas entidades facilmente aderem a este negócio, em troca de publicidade e *links* nos *sites* e revistas sindicais, angariando milhares de potenciais clientes.

Entre o radicalismo de banir qualquer um destes serviços (como alguns sindicalistas advogam) e o oposto de ser um sindicato apenas de serviços, em que é desprezada a principal função de acção sindical, reivindicação, luta e negociação colectiva, fica o salutar convívio de um evento mais ou menos radical de fim de semana, de uma viagem mais económica contratada numa agência aderente, do desconto[32] nas propinas de ensino superior do próprio ou descendentes e da iniciativa de um prémio em concurso literário ou fotográfico.

Em todas estas parcerias deve ser dada prioridade, onde e quando existente, ao fornecimento de serviços por instituições da área da economia social (cooperativas, etc.) ou do comércio justo.

2.11. *Por fim, mas não menos importante: formação sindical e educação para a cidadania civil e laboral*

Frequentemente muitos trabalhadores só se lembram de que há sindicatos quando um contencioso laboral lhes bate à porta. No caso de Portugal, há ainda um nível considerável de iliteracia geral e de falta de conhecimento quanto aos direitos de cidadania, logo de direitos laborais. Reflexo ainda dos efeitos de um Estado autoritário de décadas, até 1974, são quase inexistentes os hábitos de reclamação formal. A morosidade da justiça e alguma descrença agravada por turbulências no sistema judicial, apesar do regime formalmente democrático, não têm ajudado a alterar este tipo de atitude.

Já me aconteceu abrir a porta do sindicato a trabalhadores/as a braços com litígio laboral noutras actividades e que nunca foram sindicalizados. Alguém lhes disse "vai ao sindicato". Regressa ainda e sempre a questão do financiamento. No imaginário daquelas pessoas será o Estado que financia as estruturas sindicais? É-o (indirectamente) no Brasil ou outros países, não em Portugal.

Por tudo isto, uma disciplina de cidadania, no ensino oficial, em todos os níveis, daria aos estudantes o conhecimento das instituições, também sindicais, com parcerias em que um sindicato ideal, da comunidade, explicaria aos jovens, com recurso às tecnologias de informação e comunicação (TIC), as vantagens da sindicalização e o conjunto dos direitos e deveres laborais.

Claro que isto implica, além da disponibilidade de tempo e meios, uma formação sindical geral e específica dos quadros sindicais, até em termos pedagógicos. O sindicato ideal deve assim procurar fornecer este tipo de formação aos seus dirigentes e delegados/as sindicais. Para isso podem ser aproveitadas as estruturas de formação ligadas às centrais sindicais, institutos especializados e parcerias com universidades, a nível nacional, europeu e mundial.

---

[32] Conforme se pode verificar no site do STEC – www-stec.pt (Protocolos), estes descontos podem atingir 20%.

Ilustrando esta questão, refira-se que no plano de actividades para 2009, a CGTP mencionava a formação sindical como um capítulo a melhorar, dando conta, entre outras medidas, de uma candidatura a um projecto enquadrado no POPH: "Aprender é um Direito Sindical" e da necessidade de criação de Comissão Específica de Formação Sindical.

3. Os métodos e as lutas ("boas" e "más")

Depois de, nas secções anteriores, ter sugerido um conjunto de condições que considero indispensáveis para implementar um *sindicato ideal*, não quero agora deixar de me reportar ao confronto entre o sindicalismo ideal e as lutas que tem de travar. Com efeito, um teste a um possível modelo de sindicato ideal são os exemplos e os resultados das lutas travadas, que se poderiam separar em "boas" e "más" lutas, não fosse a convicção de que, de alguma forma, mesmo sem resultados imediatos e/ou economicistas, algumas lutas incompreendidas na altura da concretização acabam por dar algum tipo de resultado, mais tarde.

Reivindicar melhores condições salariais e laborais, objecto da actividade principal dos sindicatos, não significa conseguir resultados proporcionais à quantidade ou qualidade das mesmas reivindicações. Por outro lado, as lutas encetadas pelos sindicatos, quando as negociações com as entidades patronais não se revelam positivas, traduzem-se em protestos de vária ordem, com mais ou menos imaginação (e esta também é finita!), sendo a última, e de algum modo a mais radical, a greve, expressa nas suas várias formas e consequências.

Ao contrário das experiências laboratoriais, cujo fracasso fica arredado dos olhares e críticas públicos, as lutas sindicais revestem-se de uma complexidade e, porque não dizer, até de um calculismo que escapa às análises superficiais e genéricas de quem está "por fora".

Afasto daqui a forma mais radical de luta pela luta, como um fim em si mesmo ou como sinal de afirmação, que, de qualquer modo, já não colhe adeptos entre a maior parte dos trabalhadores.

Não sendo aqui o lugar para listar os vários tipos de greve, nem os vários tipos de consequências (conforme os países, conforme o desconto na retribuição ou não, conforme a existência de prémios e incentivos nas empresas ou serviços públicos, que podem condicionar a adesão às greves, por efeito de medo de retaliações e cortes monetários), será o lugar para a afirmação de que "quem luta sempre poderá (ou não) ganhar", enquanto que quem desiste à partida, perde de certeza. A possibilidade positiva da luta está sempre latente.

Um outro aspecto é a capitalização futura da semente que certas lutas representam, como o caso da Greve Geral de 2003, em Portugal, contra o projecto de Código de Trabalho de um governo centro-direita e os seus efeitos de não aprovação de todo o pacote contido na proposta de Código do Trabalho, efeito que se repetiu em parte em 2008, numa revisão daquela legislação.

Uma coisa é o resultado positivo das lutas sindicais a curto ou mesmo imediato prazo, outra são os resultados a médio e a longo prazo. Como resultados imediatos estão, desde logo, as melhorias nas tabelas salariais e outras cláusulas de expressão pecuniária, que anualmente são conseguidas pelos sindicatos, as únicas entidades que (em Portugal) tem a prerrogativa legal de desencadear este tipo de negociações. Como resultado de alcance misto, podem identificar-se, por exemplo, as diminuições dos períodos de permanência nos vários níveis de determinadas carreiras, que, ao serem conseguidos por via da contratação colectiva, beneficiam quem se encontrava nesse patamar remuneratório, vindo a beneficiar sucessivamente, todos os que, ciclicamente, passarão a integrar esse escalão.

Pode-se ainda invocar o efeito de replicação dentro do mesmo sector, ou abrangendo outros grupos profissionais, outros sectores de actividade satélites, ou até os efeitos de mais longo prazo, já que é sempre mais fácil fazer vencer os argumentos perante uma certa entidade ou associação patronal quando outros concorrentes já concederam melhorias contratuais.

Mas lutas e protestos articulados com a sociedade civil, com grupos feministas, com associações *Lésbicas, Gays, Bissexuais, Travestis, Transexuais* e *Transgêneros* (LGBT)[33], com associações de consumidores, com associações de doenças e deficiências específicas, com reformados esquecidos e outros sectores não ouvidos nem chamados à participação, anunciam campos a que a luta sindical ainda não se rendeu. Mas apesar de não reunir ainda as condições para tal,

---

[33] De referir que ainda existe alguma homofobia no sindicalismo português. Como nota de mudança, deixo aqui o testemunho da aprovação, no Congresso da CGTP, em 2004, da inclusão da não discriminação em função da orientação sexual, que apesar de votada a favor não deixou de provocar risinhos na plateia, tendo Manuel Carvalho da Silva, Secretário-Geral, chamado a atenção para a seriedade do assunto. Em Outubro de 2008, a CGTP, a propósito de projectos de lei sobre a alteração do código civil que permite o acesso ao casamento a pessoas do mesmo sexo, requereu à Assembleia da República a aprovação desta matéria (http://www.cgtp.pt/index.php?option=com_content&task=view&id=1122&Itemid=106) o que veio a acontecer já em 2010.

o sindicalismo pode ser chapéu-de-chuva que albergue desempregados, trabalhadores informais e precários, estudantes, jovens (um bem escasso e o futuro dos sindicatos).

3.1. *As lutas de alguns beneficiam todos*

Certo é que, de acordo com o *International Social Survey Programme* (ISSP) aplicado em Portugal, divulgado em finais de 2007 no âmbito do *Livro Branco das Relações Laborais*, apesar de mais de 2/3 dos portugueses nunca ter estado sindicalizado, 43,2% considera que os sindicatos são importantes. A taxa de sindicalização dos respondentes era apenas de 18,4%, o que contrasta com a importância que atribuem aos sindicatos. Enquanto 43% dizem que são importantes para a segurança no emprego, 38,9% concordam que sem os sindicatos as condições de trabalho seriam muito piores.

Trabalhadores de muitas actividades do sector privado recolhem benefícios (directos e indirectos) por lutas travadas em sectores públicos que, tradicionalmente, menos pressões ou prejuízos sofriam nas lutas que travavam.

Mesmo nos EUA, pátria do liberalismo económico, um estudo de 2003, do Economic Policy Institute, levado a cabo por Lawrence Mishel e Matthew Walters, intitulado *How unions help all workers*[34], afirma que os trabalhadores recebem em média mais 20 a 30% de salário, têm melhores sistemas de pensões, mais férias negociadas, mais acesso ao subsídio de desemprego (que não é universal, não havendo uniformidade na atribuição, de Estado para Estado Federal). E estas melhorias beneficiam indirectamente também os não sindicalizados pela elevação dos padrões usuais e mínimos. Um outro estudo, também americano (de Junho de 2007), de Ross Eisenbrey (*Strong unions, strong produtivity*)[35], conclui da compatibilidade entre densidade sindical e produtividade. Compara dados da OCDE de 1960 a 2005, na Europa, onde este indicador cresceu, naqueles anos, de 1,4 para 2,3, enquanto nos EUA, com menos densidade sindical, não passou de 1,7. A autora deste artigo recomendou ao Congresso Americano que se quer proteger a classe-média deve facilitar a filiação sindical e a negociação colectiva.

Parece entretanto chegado esse momento, com a aprovação, em Março de 2009, do *Free Choice Act*, nos EUA. Esta lei devolverá aos sindicatos protagonismo e aos trabalhadores mais direitos.

---

[34] http://www.epi.org/content.cfm/briefingpapers_bp143
[35] http://www.epi.org/content.cfm/webfeatures_snapshots_20070620

3.2. Há lutas más?

Pelas fortes implicações negativas para o movimento sindical nos respectivos países (EUA e Inglaterra) e no resto do mundo, menciono duas greves historicamente conhecidas. Uma foi a dos controladores aéreos em 1980, nos EUA, em que, sob a presidência de Ronald Reagan (partido republicano), o sindicato que representava os 17.000 trabalhadores foi praticamente destruído, com multas gigantescas e os seus trabalhadores associados despedidos, já que eram funcionários federais e a legislação a isso permitiu. A outra foi a prolongada greve dos mineiros de carvão em Inglaterra, de 1984, com Margaret Tatcher como primeira-ministra (partido conservador), que decidiu sem qualquer plano de transição, acabar com esta actividade, eliminando 20.000 empregos e criando uma das maiores catástrofes sociais daquele país.

Um e outro caso fizeram parte de uma neoliberal e concertada estratégia de liberalização dos mercados e de desregulação laboral.

Apesar disso, transcrevo uma conclusão de Elísio Estanque (2005):

> "As experiências de luta, mesmo quando os objectivos materiais não foram alcançados, não deixam por isso de ser experiências vividas, cujos efeitos (...) incidem também nas condições da acção futura. O vivido encerra ele próprio elementos de reflexividade constituintes do envolvimento cognitivo dos actores nas lutas emancipatórias. Por isso os líderes se entregam à exaltação recorrente das lutas passadas. Erigir em património identitário a memória da experiência histórica é uma forma de recuperar a dignidade colectiva e procurar abrir os caminhos do futuro. Mesmo quando o passado não foi edificante, a sua compreensão reflexiva é sempre preferível ao seu esquecimento".

4. A Internet como meio ao serviço das boas práticas... e do sindicato ideal

É possível dar conta de vários casos concretos, em países e continentes diversos e em actividades profissionais bem distintas, em que organizações de trabalhadores/as têm conseguido obter resultados positivos. Também a eleição de Obama, nos EUA, no final de 2008, trouxe para a ribalta a problemática sindical, com declarações do mesmo, enquanto candidato e depois presidente, bem como um notável emergir de artigos na imprensa norte-americana e mundial.

Mas à semelhança de todo o outro tipo de notícias, que parecem não ser dignas do *primetime* nem das *breaking news dos* telejornais mundiais, também as boas notícias sobre a existência de práticas sindicais positivas ou inovadoras circulam em circuito fechado nos *sites* ou publicações periódicas dos próprios sindicatos, federações/centrais sindicais, a nível interno. Com meritória persistência, alguns meios académicos dedicam-se a estudos sociológicos nesta área, sendo por vezes as suas iniciativas e conclusões redutoramente resumidas em títulos ou subtítulos, pelos diversos tipos de *media*.

Os sindicatos devem continuamente lembrar que lutam por justiça social, para todos, e não defendem apenas interesses fechados ou corporativistas.

Não se pode, pois, deixar de referir a *Internet* como um poderoso mecanismo de comunicação, divulgação e formação, logo de importância fulcral para o sindicato ideal. A sua utilização permite uma visão global do que de bom e mau vai acontecendo por todo o mundo sindical e laboral. Aqui se "pesca" (ou não fosse uma rede...) muita informação, que fomenta a discussão e troca de opiniões que, mesmo inconscientemente, acabam por influenciar o posicionamento dos dirigentes sindicais, contribuindo de uma forma permanente para a sua autoformação, actualização e visão crítica da realidade.

Um sítio na *Internet* é uma ferramenta que nenhum sindicato (sobretudo nos países mais desenvolvidos) hoje ousa desprezar. A facilidade e o baixo custo com que hoje se cria uma ligação vídeo e com que se pode divulgar uma mensagem curta é uma arma tão poderosa quão inacreditável para os nossos antepassados, sindicalistas ou não. Através do *site* podem colocar-se perguntas, fazer inquéritos e votações *online*. Há alguma polémica com o uso desse meio tecnológico, por razões de privacidade e segurança[36]. Ninguém pode garantir a absoluta confidencialidade, já que os meios não são controláveis pelos votantes e a abstenção tende a ser mais elevada do que em actos eleitorais presenciais.

Gradualmente os/as trabalhadores/as vão tendo acesso a *email* nos locais de trabalho ou na residência. Este meio é a melhor forma de receber informação, via *Newsletters*, mantendo-se actualizados a todo o momento. A possibilidade de participação e denúncia alargou-se exponencialmente, também através dos telemóveis, SMSs, blogues, fóruns, vídeos e fotografia digital, *uploads*, rádios *online*, etc.

---

[36] Em Portugal, as eleições para o Sindicato dos Bancários do Sul e Ilhas (SBSI) já são feitas electronicamente, nos locais de trabalho. As entidades patronais, neste caso os bancos, disponibilizaram as suas plataformas informáticas para tal. Também as eleições para a Comissão de Trabalhadores da CGD, em Junho de 2009, foram efectuadas pela primeira vez através do sistema informático interno (*Intranet* da CGD), tendo sido algo polémico, com alguns problemas nos cadernos eleitorais e senhas de acesso. Houve quem se insurgisse contra, lembrando as questões de segurança e privacidade.

Eric Lee é, há quinze anos, um caso de longevidade no activismo e dedicação à causa sindical, usando a *Internet*. Sendo consultor de software e tendo publicado alguns trabalhos nesta área, é um optimista defensor dos benefícios e potencialidades da *Internet* para o sindicalismo. Desde os primórdios deste meio global de comunicação, que tem ajudado vários sindicatos e causas sociais a usar a veloz e potente ferramenta de divulgação que é a *World Wide Web*. Desenha campanhas e ensina a divulgá-las.

O site – http://www.labourstart.org/ – que Eric Lee mantém com a ajuda de centenas de outros activistas, fornece informação em mais de 20 línguas sobre acções, protestos e conquistas, diariamente, um pouco por todo o mundo. Disponibiliza os seus trabalhos *online* de forma gratuita, com o objectivo de abranger um maior número de activistas e sindicalistas. Tenta contabilizar o número de utilizadores/sindicalistas no mundo virtual, por analogia com os dados conhecidos sobre os mesmos no mundo real, lembrando contudo a sua falta de controle do cyberespaço. Também nesta área, seja numa fábrica ou num banco, apesar das potencialidades para o sindicalismo, se revela a desigualdade dos meios, se e quando se medirem as forças da propaganda patronal com a sindical.

Apesar do ciber-exemplo que é Eric Lee, este não deixa de alertar para alguns perigos[37] da *Internet*, como um reverso da medalha. Refere-se à exposição de dados pessoais através das redes sociais *online*, advertindo que se deve estar sempre um passo à frente no modo de maximizar este canal de informação.

Num artigo[38] sobre *e-sindicalismo*, Hermes Costa (2008a) faz uma reflexão sobre esta temática apontando alguns factores que impedem um aproveitamento mais eficaz da Internet. Caso de alguma iliteracia dos sindicalistas/utilizadores, na área das tecnologias de informação e comunicação, em certos países e actividades ou a ausência de uma língua comum, que leva a lacunas de tradução que impedem a fluidez, nos dois sentidos, da informação relevante.

Uma espécie de novo internacionalismo sindical/operário é o que propõe também Peter Waterman, cujos contributos académicos se têm debruçado em hipóteses de superação da crise do sindicalismo, sugerindo uma interconectividade reticular, de diálogo e comunicação no espaço e cyberespaço (a exem-

---

[37] http://www.ericlee.info/2008/02/how_the_internet_makes_union_o.html
[38] "O e-sindicalismo: recurso de luta sindical ou fait divers virtual?" (http://www.snesup.pt/htmls/EkkVFZZVyppykjirtj.shtml)

plo do caso da "Batalha de Seattle/OMC, em 1999"), que possa levar a uma cultura de solidariedade global.

De alguma forma, uma pesquisa breve permite-nos verificar que pela Europa e EUA muitos são os que já seguem estes conselhos, de forma tímida, talvez, mas no bom caminho. Deixo aqui dois exemplos relativamente recentes:

Em 16 de Setembro de 2007, em Itália, na IBM, teve origem a 1ª greve virtual, no *Second Life*[39]. A iniciativa teve como ponto de partida a redução de mil euros anuais nos salários dos trabalhadores da IBM de Itália. Comissões de trabalhadores e sindicatos criticaram a política de redução de salários, classificando-a de contraditória com os lucros da empresa. Os sindicalistas acusavam a IBM de falta de racionalidade nos cortes salariais. A convocação da greve para o *Second Life* pretendeu estrear novas formas de protesto e teve em vista a reivindicação de direitos dos trabalhadores em cenários que as companhias têm privilegiado para os negócios. Organizaram um protesto que simboliza o primeiro passo na aliança sindical global dos trabalhadores através das novas tecnologias, uma forma inovadora de dar uma resposta às necessidades dos trabalhadores, pensar globalmente e actuar localmente.

Nos EUA, no início de 2008, desenrolou-se uma greve que durou mais de três meses, abrangendo todos (cerca de 12000) escritores/argumentistas//guionistas da indústria de televisão e espectáculos, em que os mesmos lutavam por direitos de autor que não eram pagos em situações de *download* na *internet*. Milhares de vídeos curtos no Youtube e de blogues aliados a protestos de rua, mantiveram esta classe, tão dispersa geograficamente, unida no objectivo. Verrone, presidente da WGA Oeste (sindicato regional Oeste), declarou que "o acordo é o melhor que a WGA negociou nos últimos 30 anos e a greve foi a paragem laboral nos EUA com maior sucesso no século XXI". O Presidente do WGA East (sindicato da zona Este), Michael Winship, em artigo publicado no jornal *The New York Times* em 15/02/2008, conclui que foi a greve perfeita já que partiram do nada e só perderam horas de sono, mas ganharam uma batalha contra sete multinacionais do mundo dos *media*.

Pode deduzir-se que a estratégia de utilização da *Internet*, pelo movimento sindical, é um gradual e imparável *upgrade*, a várias velocidades, consoante o grau de acessibilidade e disponibilidade das tecnologias de informação e comunicação (TIC) em cada país.

---

[39] http://www.elpais.com/articulo/internet/Trabajadores/IBM/comienzan/manana/primera/huelga/Second/Life/recorte/salarial/elpeputec/20070916elpepunet_1/Tes

5. Conclusão

Há contextos políticos e sociais em que falar em *sindicato ideal* será apenas provavelmente sinónimo de criação/existência do próprio sindicato, partindo depois para a procura de um modelo que incorpore a vertente reivindicativa. No entanto, apesar das dificuldades crescentes para o sindicalismo, muitas práticas sindicais positivas e inovadoras, em diversos países, podem ser encontradas quando um olhar interessado as procura. Isto em contextos políticos bem diversos, onde nem sempre a liberdade sindical, mesmo legalmente reconhecida, é um direito respeitado. A serem perseguidas com vista à sua concretização, estas práticas poderão moldar uma organização sindical no sentido de uma aproximação a um tipo ideal.

As condições para um sindicato ideal apontadas acima têm uma tripla origem. São fruto da minha experiência como dirigente sindical, extraindo práticas que têm vindo a ser optimizadas dentro do meu sindicato. São também resultado de conversas que fui "provocando" com dirigentes de outros sindicatos, com quem me tenho cruzado nos mais variados tipos de eventos sindicais. São, finalmente, o cruzamento destes dados com a leitura de relatórios e conclusões de organizações, de instituições ligadas ao mundo do trabalho, de institutos de formação sindical e de trabalhos académicos (nacionais e internacionais), permitindo a sustentabilidade, a confirmação e o questionamento destas condições.

Com tantos requisitos, poderá almejar-se um sindicato ideal, sem as correspondentes relações de trabalho ideais? Sem que a formação académica e técnica, quer dos empresários quer dos gestores de recursos humanos, de muitas micro, pequenas e médias empresas, ultrapasse a mediania? Sem que muitos destes gestores (e o próprio Estado, muitas vezes) adquiram uma consciência de respeito pelas leis laborais como se fossem (que o são!) básicos direitos humanos? Sem que as administrações das empresas, as associações patronais, as autoridades de fiscalização da legislação laboral, os Tribunais, também se empenhem na efectividade das leis e no seu aperfeiçoamento?

No "laboratório" das relações laborais ideais, a maioria dos instrumentos não estão ao alcance dos sindicalistas ou dos/as trabalhadores/as. Que ao menos a parte que lhes cabe seja bem utilizada. E nesta parte uma grande fatia é composta de intertextualidades entre as diferentes condições enunciadas, mormente a abertura a outras organizações, o alargamento das temáticas da negociação colectiva, a ética dos dirigentes e a formação sindical para a cidadania. Assim se ampliarão, para toda a sociedade, os frutos das suas lutas e conquistas, rompendo com estereótipos, antecipando-se aos problemas e não reagir apenas, como bombeiro em rescaldo de incêndio.

O sindicato ideal não poderá ser uma entidade de representados abstractamente, actuando apenas na direcção topo-base, como se pudesse existir até sem sindicalizados, como alguns pessimistas profetizaram. Há trabalhadores/as à espera de serem convencidos, à espera de uma voz solidária e empenhada, de uma prova talvez.

A densidade sindical que diminuiu em geral (qual clepsidra!) pode ser compensada com novas aquisições (mulheres, minorias étnicas, imigrantes, desempregados) a fim de reforçar o poder negocial.

Vivem-se momentos conturbados e os sindicatos só podem reinventar-se – não há outra saída – já que, talvez mais do que nunca, os trabalhadores, diante de questões tão fracturantes que afectam toda a sua vida, redescobrirão os sindicatos como um porto de abrigo, uma junção de forças contra a injustiça que sofrem no mundo do trabalho, em graus diferentes, mas por toda a parte do mundo, aliando-se a toda uma diversidade de movimentos sociais.

Boito Jr (2003) já tinha detectado sinais de recuperação sindical, até mesmo uma "crise da crise do sindicalismo", que passa, em 200 anos, de uma era artesanal para uma era industrial, rumando agora a uma era informática, de futuro tão inquietante quanto promissor.

Pela sagaz actualidade e premonição, transcrevo algumas palavras do sociólogo Pierre Bourdieu, numa conferência para sindicalistas, em Atenas, em 2002:

> "Por que se pode ser optimista? (...) Quando fazíamos esse discurso, por volta de 1995, tínhamos em comum não ser ouvidos e passar por loucos. As pessoas que, como Cassandra, anunciavam catástrofes eram ridicularizadas, atacadas pelos jornalistas e insultadas (...) as consequências da política neoliberal – que havíamos previsto abstractamente – começam a ser vistas. E as pessoas, agora, compreendem. Mesmo os jornalistas mais limitados e mais teimosos sabem que uma empresa que não tem um lucro de 15% parte para as demissões. As profecias mais catastróficas dos profetas da desgraça (que, simplesmente, eram mais informados que os outros) começam a realizar-se. Não é cedo demais. Mas também não é muito tarde. (...) é apenas um começo, pois as catástrofes só estão começando".

E, no meio do incêndio da crise financeira, económica e global, o Nobel da Economia 2008, Paul Krugman, em *The Conscience of a Liberal*, referindo-se à então administração dos EUA, afirmou entre outras coisas:

> "O governo Bush acelerou a perda de poder de negociação dos trabalhadores... é preciso aumentar o poder de negociação dos assalariados, facilitando a formação

de sindicatos. O declínio do movimento sindical não é o resultado de uma irresistível tendência de longo prazo: grande parte da perda do poder dos sindicatos teve lugar durante a era Reagan (...) tudo isto permitirá aumentar o número de empregos e os rendimentos destinados à classe média".

A crise que se foi instalando e agravando desde 2007 e que ainda não se sabe quando nem como vai recuperar é a maior crise financeira, económica e social que o mundo já conheceu, desde que a globalização desregulada comanda os negócios e o comércio internacionais. Nos EUA, país onde a crise do sindicalismo era mais notória, a outra bem mais grave crise fez com que os olhares se virassem de novo para os sindicatos, à espera de intervenção, de negociação, até de contenção do descontentamento social. Por isso, como sempre noutros momentos históricos, das crises algo se pode aproveitar e as boas notícias vão aparecendo.

O sindicato ideal tem de procurar/apresentar alternativas à inevitabilidade da competitividade neoliberal e do chamado pensamento único, tem de procurar uma nova visão que concilie a economia e a sociedade, o trabalho e a vida, a fim de poder ser sujeito da história e não apenas mais um seu objecto. E, para isto, só por mero acaso circunstancial a falta das condições atrás apontadas podem levar a lutas "boas", com resultados.

Pela clarividência das palavras e pela importância crescente do Brasil na cena internacional, destaco um excerto do discurso[40] do então Presidente Lula da Silva, na 98ª Conferência Internacional do Trabalho (Genebra-Suíça, 15 de Junho de 2009):

> "... Então, essa crise económica abre uma perspectiva enorme para que a gente possa debater tudo, porque antes da crise teve o Consenso de Washington, que parecia a solução do Planeta. Não foi. Depois veio o neoliberalismo dizer que o Estado tinha que ser o mínimo possível, que o mercado iria resolver todos os problemas. O mercado também não resolveu. O Estado, que foi negado no último meio século, na hora da crise, a quem os bancos americanos recorreram? Ao Estado. A quem os bancos alemães recorreram? Ao Estado. Porque somente o Estado tinha garantias e credibilidade para fazer aquilo que o mercado não conseguia fazer. Por isso – *sobretudo aos dirigentes sindicais* –, esta é uma oportunidade excepcional para vocês pensarem e produzirem alternativas junto com os empresários para que mude, definitivamente, a relação Estado-sociedade e [para] que a gente possa construir, nos nossos países, um mundo mais justo, mais solidário e mais humano.

---

[40] Discurso http://www.info.planalto.gov.br/download/discursos/pr1287-2@.doc

Eu estou como presidente da República, mas daqui a um ano e meio estarei como cidadão do mundo, brigando para que as coisas melhorem..."

De uma forma "pessoana" pode concluir-se que os sindicatos podem ter defeitos, "viver" ansiosos e actuar negativamente algumas vezes, mas ninguém de boa fé ousa negar a bondade da empresa que lhes está cometida. E têm podido e sabido contornar e evitar a sua falência e morte tantas vezes anunciadas. Apesar das incompreensões, desafios e períodos de crise, têm sabido sobreviver. No entanto, devem deixar de ser vítimas dos problemas e tornarem-se autores da própria história. Para isso têm de atravessar desertos fora de si e saber expor a sua mensagem. Têm de ter coragem para ouvir os *nãos* e segurança para receber as críticas, mesmo que injustas.

Assim, as pedras do caminho, sendo guardadas, poderão construir o castelo que albergará a sede do sindicato ideal.

CONCLUSÃO:
CONDIÇÕES PARA UM SINDICALISMO COM FUTURO

Hermes Augusto Costa (Centro de Estudos Sociais,
Faculdade de Economia da Universidade de Coimbra)

Elísio Estanque (Centro de Estudos Sociais,
Faculdade de Economia da Universidade de Coimbra)

O mundo está em mudança e o sindicalismo, fazendo parte dele, não pode ficar de fora dessa mesma mudança. Esta é, de resto, uma ideia força cujo reconhecimento se pode observar tanto no plano teórico (dos conceitos e das tipologias), como no plano da acção sindical concreta, das práticas do dia-a-dia. Os testemunhos reunidos neste livro complementam-se a esse respeito, sobretudo no modo como são capazes de traçar diagnósticos dos principais problemas e transformações por que tem passado o sindicalismo e os mercados de trabalho nas últimas décadas e igualmente no modo de perspectivar formas de lidar com eles ou de lhes responder.

As questões que colocámos inicialmente tinham precisamente como propósito suscitar a identificação de factores de crise para, a partir deles, pensar o que é preciso consolidar e onde importa promover processos de renovação e de mudança. No que concerne aos factores de crise, constata-se, da parte dos contributos dos sindicalistas para este livro, alguma cautela no uso da palavra crise, embora não se desconheça a sua existência e se lamente a perda de influência (representatividade) do movimento sindical na sociedade. Uma boa parte da explicação para essa cautela reside no facto de a discussão da ideia de crise ser muito mais ampla e transcender a esfera estritamente sindical. Se, por um lado, como testemunhavam Eduardo Chagas ou João Proença, há factores internos que ajudam a explicar a perda de influência sindical (envelhecimento dos quadros sindicais, burocratização, défice de renovação, mais visão de cúpula do que de base, partidarização excessiva, etc.), por outro lado, há factores externos gerados fora do universo sindical, ainda que com implicações nele: menor peso do sector público; mais privatização; crescimento das formas de trabalho precárias; políticas governamentais insensíveis às questões sociais; acções patronais intimidatórias e repressivas sobre a força de trabalho; etc. Acresce que o próprio modo como tem decorrido a discussão sobre a relação entre rigidez/flexibilidade do mercado de trabalho é claramente enviesado, pois, trata-se de uma evidente manipulação ideológica em que tudo o que é favorável ao trabalhador é considerado "rígido", enquanto aquilo que beneficia a empresa e o patronado é sempre "flexível", ou seja, de acordo com esta lógica, o trabalho despojado de todo e qualquer direito corresponderia à realização plena da flexibilização.

Apesar das adversidades (internas e externas), não há resignação (nem se poderia esperar que houvesse) da parte do movimento sindical. Na verdade, parece gerar-se um consenso implícito entre os próprios sindicalistas de que nunca como hoje os sindicatos sofreram tantas pressões, mas ao mesmo tempo nunca como hoje foi tão necessária a sua existência. Ou seja, importa promover a consolidação do sindicalismo no que ele foi capaz de fazer de melhor. E aqui parece-nos curial destacar, sobretudo em momentos de adversidade económica, o papel político do sindicalismo, isto é, do exercício de um contrapoder face às instâncias governamentais e às entidades patronais para que direitos sociais conquistados não sejam "deitados fora" num ápice. Essa resistência perante tendências de "retrocesso" que vêm ocorrendo no campo laboral pode e deve ser feita sem prejuízo de uma sempre necessária valorização das estratégias de negociação (como afirmava Carlos Silva). Isto, apesar de se saber que os processos negociais nem sempre conduzem a resultados palpáveis do ponto de vista sindical, em especial quando as medidas de austeridade económica impostas pelos governos tendem a esvaziar o poder dos sindicatos.

Como recordava Carvalho da Silva, os sindicatos têm pela frente um conjunto de desafios associados a dinâmicas como: o aumento da esperança de vida; a maior presença das mulheres no trabalho; os processos migratórios e as suas implicações sociais, económicas, culturais e políticas; ou os processos de qualificação e aprendizagem ao longo da vida. Mas para lidar com esses e outros desafios é fundamental que se criem condições para implementar de forma efectiva estratégias sindicais ousadas e inovadoras. Em complemento com as propostas de Klooesterboer (2008) ou de Olinda Lousã (capítulo 8 deste livro), consideramos crucial que o sindicalismo, nomeadamente o sindicalismo português, seja capaz de:

– Reforçar a vigilância sobre o modo e as condições em que o trabalho é prestado, em nome da dignidade do trabalhador e de imperativos morais de justiça social;
– Organizar novos grupos que normalmente são ou estão subrepresentados nos sindicatos, tais como jovens, mulheres, desempregados, precários, minorias étnicas, etc;

– Criar uma dinâmica efectiva de parcerias e/ou formas de actuação regular conjuntas com organizações não sindicais mas com interesse na esfera laboral (como os FERVE, os Precários Inflexíveis, a rede MayDay, os Intermitentes do Espectáculo, a rede social relativa à Geração à Rasca, o Fórum Gerações 12/3 e o Futuro dela recorrente, entre outros) ou noutras esferas que de algum modo se articulam com os mercados de trabalho (associações ambientalistas, associações de pais, cooperativas, etc.);
– Reforçar a representatividade sindical em sectores mais vulneráveis para as relações laborais, com destaque para as actividades comerciais;
– Exercer formas de activismo político *para dentro* (reforçando a capacidade de militância no interior dos sindicatos) e *para fora* do universo sindical (mostrando a justeza e oportunidade das lutas sindicais) sem deixar que a actividade sindical seja condicionada (ou instrumentalizada) pela presença de forças partidárias e pelas orientações estratégicas a que estas obrigam, muitas vezes em prejuízo da democracia interna dos sindicatos;
– Apostar seriamente na formação de quadros e dirigentes sindicais, através de programas e convénios com universidades e centros de investigação de reconhecida competência nestas áreas, visando uma maior actualização de conhecimentos sobre o campo laboral e, ao mesmo tempo, estimulando a análise crítica e auto-crítica sobre o sindicalismo, a sua história e os problemas (internos e externos) com que hoje está confrontado, procurando encontrar as respostas aos actuais bloqueios e dificuldades;
– Intervir não só no espaço nacional, mas fomentar sinergias para que o campo de intervenção sindical se assuma cada vez mais numa escala transnacional e em rede, como resposta à crise – também ela internacional –, em coerência com o velho discurso internacionalista, que foi, como se sabe, um elemento fundador do próprio sindicalismo;
– Dinamizar o sindicalismo electrónico e dar ao activismo do "ciberespaço" a sua devida importância, assumindo a necessidade de o sindicalismo dos *espaços virtuais* constituir um suporte decisivo para preparar o terreno e complementar os *espaços reais* da luta sindical.

Estas são algumas das linhas que julgamos decisivas para que o sindicalismo português de hoje seja capaz de estar à altura dos desafios que tem por diante e preparar-se para enfrentar o futuro, contribuindo para superar os factores de crise e as dinâmicas de retrocesso – que esmagam os direitos e a dignidade do trabalho como se isso fosse natural – que hoje se vêm impondo como um autêntico rolo compressor, e ajudar a promover soluções viáveis, credíveis e socialmente justas para o futuro. Só com o papel activo do sindicalismo se podem garantir novas formas de coesão, consenso e compromisso que promovam a capacidade competitiva e inovadora das empresas, mas simultaneamente assegurem uma efectiva sustentabilidade, não apenas na vertente económica mas também social, ambiental e humana. Uma democracia pujante num cenário de pós-crise, de progresso e de bem-estar só será possível se forem garantidas condições de trabalho digno, de justiça, de estabilidade e de cidadania no emprego. Para tanto precisamos de um sindicalismo forte, combativo e renovado. Esperamos que o debate suscitado neste livro seja um contributo nesse sentido.

REFERÊNCIAS BIBLIOGRÁFICAS

AAVV (2009), *Dois anos a FERVEr: retratos da luta, balanço da precariedade*. Porto: Afrontamento.

AAVV (Comissão do Livro Branco das Relações Laborais) (2007), *Livro Branco das Relações Laborais*. Lisboa: Ministério do Trabalho e da Solidariedade Social.

ADLER, Glenn; WEBTSER, Eddie (1999), "The labour movement, radical reform and the transition to democracy in South Africa", in R. Munck e P. Waterman (orgs.), *Labour worldwide in the era of globalization: alternative union models in the new world order*. Londres: MacMillan Press, 133-157.

ANDOLFATTO, Dominique; LABBÉ, Diminique (2000), *Sociologie des syndicats*. Paris: La Découverte.

ANTUNES, Ricardo (Org.) (2006), *Riqueza e miséria do trabalho no Brasil*. São Paulo: Editora Boitempo.

BARROS, Maurício Rands (1999), *Labour relations and the new unionism in contemporary Brazil*. Londres: MacMillan Press.

BEAN, Ron (1994), *Comparative industrial relations: an introduction to cross-national perspectives*. Londres: Routledge.

BECK, Ulrich (2000), *Un nuevo mundo feliz: la precaridad del trabajo en la era de la globalización*. Barcelona: Paidós.

BEZUIDENHOUT, Andries (2002), "Towards global social movement unionism? Trade union responses to globalisation in South Africa", in A. V. Jose (org.), *Organized labour in the 21st century*. Geneva: International Labour Organization/International Institute for Labour Studies, 373-406.

BIT (Bureau International du Travail) (1997), *Le travail dans le monde: relations professionnelles, démocratie et cohésion social, 1997-98*. Genève: OIT.

BOITO JR., Armando (1998), "Neoliberal hegemony and unionism in Brazil", *Latin American Perspectives*, 25 (1), 71-93.

BOOTH, Alison L. (1995), *The economics of the trade union*. Cambridge: Cambridge University Press.

BOOTH, Peter (1997), "Nike code of conduct", *International Union Rigths*, 4 (4), 8-9.

BREITENFELLNER, Andreas (1997), "El sindicalismo mundial, un posible interlocutor", *Revista Internacional del Trabajo*, 116 (4), 575-603.

CABRAL, M. Villaverde, e outros (Orgs.) (2003), *Desigualdades Sociais e Percepções da Justiça*. Lisboa: ICS.

CARDOSO, Adalberto Moreira (2003), *A década neoliberal e a crise dos sindicatos no Brasil*. São Paulo: Boitempo Editorial.

CASTEL, Robert (1998), *As metamorfoses da questão social*. Petrópolis: Editora Vozes.

CASTELLS, Manuel (1999), *A sociedade em Rede – A era da informação: economia, sociedade e cultura*, Vol. 1, São Paulo: Paz e Terra.

CERDEIRA, Maria da Conceição (1997a), *A evolução da sindicalização portuguesa de 1974 a 1995*. Lisboa: Direcção Geral das Condições de Trabalho/Ministério para a Qualificação e o Emprego.

CERDEIRA, Maria da Conceição (1997b), "A sindicalização portuguesa de 1974 a 1995", *Sociedade e Trabalho*, 1, 46-53.
CGTP (2007), *Caderno da organização e quadros – organizar e sindicalizar mais*, 6. Lisboa: CGTP.
CGTP (2008a), *Relatório de actividades 2004-2007*. Lisboa: CGTP.
CGTP (2008b), *Programa de acção do XI Congresso*. Lisboa: CGTP.
CLEGG, Hugh Armstrong (1975), "Pluralism in industrial relations", *British Jounal of Industrial Relations*, 13 (3), 309-316.
COMMONS, John R. (1987) [1918], "American labour history", *in* S. Larson e B. Nissen (orgs.), *Theories of the labor movement*. Detroit: Wayne State University Press, 134-139.
COSTA, Hermes Augusto (2005), *Sindicalismo global ou metáfora adiada? Os discursos e as práticas transnacionais da CGTP e da CUT*. (Tese de Doutoramento em Sociologia). Coimbra: Faculdade de Economia, 854 pp.
COSTA, Hermes Augusto (2008a), "O e-sindicalismo: recurso de luta sindical ou fait divers virtual?", *Ensino Superior*, 28, 42-45.
COSTA, Hermes Augusto (2008b), *Sindicalismo global ou metáfora adiada? Discursos e práticas transnacionais da CGTP e da CUT*. Porto: Afrontamento, 347 pp.
COSTA, Hermes Augusto (2010), "*Austeridade europeia, protesto europeu*: o valor das manifestações transnacionais", *Le Monde Diplomatique* (edição portuguesa), Setembro, 24.
CROUCH, Colin (1992), "The fate of articulated industrial relations systems: a stock-taking after the «neo-liberal» decade", *in* M. Regini (org.), *The future of Labour movements*. Londres: Sage, 169-187.
CROUCH, Colin (1994), *Industrial relations and European state traditions*. Oxford: Clarendon Press.
CUTCHER-GERSHENFELD, Joel (1993), "A framework to organize theory: the structure of a doctoral-level seminar on industrial relations theory", *in* R. J. Adams e N. M. Meltz (orgs.), *Industrial relations theory: its nature, scope, and pedagogy*. Londres: IMLR Press/ /Rutgers University e The Scarecrown Press, Inc., 43-65.
DAVIS, Edward (1994), "Trade Unionism in the Future", *in* J. Niland, R. Lansbury e C. Verevis (orgs.), *The future of industrial relations: global change and challenges*. Londres: Sage, 115-134.
DE FILIPPO, A.; FALCO, M.; DASEN, C. (1993), *Le syndicalisme dans L'Union Européenne*. Suisse: Seminário de Sociologia da Política Social (*mimeo*.).
DURKHEIM, Émile (1989) [1893], *A Divisão do trabalho social*. Lisboa: Presença (vol. 1).
EBBINGHAUS, Bernhard; VISSER; Jelle (2000a), "A guide to the handbook", *in* B. Ebbinghaus e J. Visser (orgs.), *Trade unions in western Europe since 1945*. Londres: MacMillan, 3-32.
EBBINGHAUS, Bernhard; VISSER; Jelle (2000b), "European union organizations", *in* B. Ebbinghaus e J. Visser (orgs.), *Trade unions in western Europe since 1945*. Londres: MacMillan, 759-802.
ESTANQUE, Elísio (2000), *Entre a fábrica e a comunidade: subjectividades e práticas de classe no operariado do calçado*. Porto: Afrontamento.

Estanque, Elísio (2003), "O efeito classe média – desigualdades e oportunidades no limiar do século XXI", *in* Cabral, M. V., J. Vala e A. Freire (orgs.), *Percepções e avaliações das desigualdades e da justiça em Portugal numa perspectiva comparada*. Lisboa: ICS, 69--105.

Estanque, Elísio (2004), "A reinvenção do sindicalismo e os novos desafios emancipatórios: do despotismo local à mobilização global", *in* B. S. Santos (org.), *Trabalhar o mundo: os caminhos do novo internacionalismo operário*. Porto: Afrontamento, 297-334.

Estanque, Elísio (2007), "A questão social e a democracia no início do século XXI: participação cívica, desigualdades sociais e sindicalismo", *Finisterra – Revista de Reflexão Crítica*, vol. 55/56/57, Lisboa, pp. 77-99.

Estanque, Elísio (2008), "Sindicalismo e movimentos sociais: dilemas e perplexidades" e "Entre os velhos e os novos activismos: tensões e desafios do movimento sindical", Revista *JANUS – Anuário de Relações Internacionais*, vol. XX. Lisboa, UAL/Jornal *Público*, pp. 184-187.

Estanque, Elísio e Rui Bebiano (2007), *Do Activismo à Indiferença: movimentos estudantis em Coimbra*. Lisboa: ICS.

Fajertag, Giuseppe; Pochet, Philippe (orgs.) (1997), *Social pacts in Europe*. Bruxelas: ETUI/OSE.

Fajertag, Giuseppe; Pochet, Philippe (orgs.) (2000), *Social pacts in Europe: new dynamics*. Bruxelas: ETUI/OSE.

Farnham, David; Pimlott, John (1995), *Understanding industrial relations*. Londres: Cassel.

Ferreira, António Casimiro (2005), *Trabalho procura Justiça*. Coimbra: Edições Almedina.

Ferreira, J. M. Carvalho (2002), "Trabalho e sindicalismo no contexto da globalização", *in* J. M. C. Ferreira e I. Sherer-Warren (orgs.), *Transformações sociais e dilemas da globalização: um diálogo Brasil/Portugal*. Oeiras: Celta, 201-230.

Ferreira, Virgínia (2002), "O efeito Salieri: o sindicalismo perante as desigualdades entre mulheres e homens no emprego", *Revista Crítica de Ciências Sociais*, 62, 121-148.

Freire, João (2001), *Sociologia do trabalho: uma Introdução*. Porto: Afrontamento.

Freire, João (2008), *Economia e sociedade ? contributos para uma sociologia da vida económica em Portugal na viragem do século*. Oeiras: Celta.

Gabinete de Estratégia e Planeamento/GEP (2009), *Greves. Anual/2007 (colecção estatística)*. Lisboa: Ministério do Trabalho e da Solidariedade Social.

Hassel, Anke (2009), "Policies and Politics in Social Pacts in Europe", *European Journal of Industrial Relations*, 15 (1), 7-26.

Hirschsohn, Philip (1998), "From grassroots democracy to national mobilization: COSATU as a social model of social movement unionism", *Economic and Industrial Democracy*, 19 (4), 633-666.

Hogler, Raymond L. (1995), *Labor and employment relations*. Minneapolis/St. Paul: West Publishing Company.

Hyman, Richard (1971), *Marxism and the sociology of trade unionism*. Londres: Pluto Press.

HYMAN, Richard (1996a), "Changing union identities in Europe", *in* P. Leisink, J. Van Leemput e J. Vilrokx (orgs.), *The challenges to trade unions in Europe: innovation or adaptation*. Cheltenham: Edward Elgar, 53-73.

HYMAN, Richard (1996b), "Union identities and ideologies in Europe", *in* P. Pasture, J. Verberckmoes e H. De Witte (orgs.), *The Lost Perspective? Trade unions between ideology and social action in the new Europe. Significance of ideology in European trade unionism* (vol. 2). Aldershot: Avebury, 60-89.

HYMAN, Richard (2001a), *Understanding European trade unionism: between market, class and society*. Londres: Sage.

HYMAN, Richard (2001b), "European integration and industrial relations: a case of variable geometry ?", *in* P. Waterman e J. Wills (orgs.), *Place, space and the new labour internationalisms*. Oxford: Blackwell, 164-179.

HYMAN, Richard (2001c), "The future of trade unions" (*mimeo.*), 1-18.

HYMAN, Richard (2002), "Europeização ou erosão das relações laborais?", *Revista Crítica de Ciências Sociais*, 62, 7-32.

KLOOSTERBOER, Dirk (2008), *Estratégias sindicais inovadoras*. Lisboa: Instituto Ruben Rolo.

LAMBERT, Rob (2002), "Labour movement renewal in the era of globalization: union responses in the South", *in* J. Harrod e R. O'Brien (orgs.), *Global unions? Theory and strategies of organized labour in the global political economy*. Londres: Routledge, 185-203.

LAMBERT, Rob; WEBSTER, Eddie (1988), "The re-emergence of political unionism in contemporary South Africa?", *in* W. Cobbett e R. Cohen (orgs.), *Popular struggles in South Africa*. Londres: James Currey, 20-41.

LARANGEIRA, Sônia (1998), "Há lugar para o sindicalismo na sociedade pós-industrial? Aspectos do debate internacional", *São Paulo em Perspectiva*, 12 (1), 174-183.

LARSON, Simeon; NISSEN, Bruce (orgs.) (1987), *Theories of the labor movement*. Detroit: Wayne State University Press.

LAUBIER, Patrick de (1968), "Esquisse d'une théorie du syndicalisme", *Sociologie du Travail*, 4.

LIMA, Marinús Pires (1991), "Relações de trabalho, estratégias sindicais e emprego (1974-90)", *Análise Social*, 114, 905-943.

MARX, Karl; ENGELS, Friedrich (1982) [1848], "Manifesto do Partido Comunista", *in* J. Barata-Moura; E. Chitas; F. Melo e A. Pina (orgs.), *Marx e Engels: obras escolhidas em três tomos* (tomo I). Lisboa: Edições "Avante", 106-136.

MATOS, José Nuno (2007) *Acção sindical e representatividade*. Lisboa: Autonomia 27.

MOLITOR, M. (1990), *Relations industrielles*. Faculté des sciences economicas, sociales et politiques de Louvain: Diffusion Universitaire Ciaco.

MOODY, Kim (1997a) "Towards an international social-movement unionism", *New Left Review*, 225, 52-72.

MOODY, Kim (1997b), *Workers in a lean world: unions in the international economy*. Londres: Verso.

Morris, Paul (1996), "Community Beyond Tradition", *in* Paul Heelas *et al.* (eds.), *Detraditionalization*. Oxford: Blackwell, 223-249.

Munck, Ronaldo (1988), *The new international labour studies: an introduction*. Londres: Zed Books.

Munck, Ronaldo; Waterman, Peter (1999), "Preface", *in* R. Munck e P. Waterman (orgs.), *Labour worldwide in the era of globalization: alternative union models in the new world order*. Londres: MacMillan Press, ix-xiv.

Nascimento, Cláudio (1998), "Sindicato cidadão e formação para a cidadania (questões actuais sobre sindicalismo e a qualificação profissional", *in* CUT, *Educação e Sindicalismo (caderno de apoio às actividades de formação do programa nacional de formação de formadores e capacitação de conselheiros – Caderno II)*. Florianópolis: CUT, 81-89.

Natali, David; Pochet, Philippe (2009), "The Evolution of Social Pacts in the EMU Era: What Type of Institutionalization?", *European Journal of Industrial Relations*, 15 (2), 147-166.

Offe, Claus; Wiesenthal, H. (1980), "Two logics of collective action", *Political Power and Social Theory*, 1, 67-115.

Paquet, Renaud; Tremblay, Jean-François; Gosselin, Éric (2004), "Des théories du syndicalisme: synthèse analytique et considerations contemporaines", *Relations Industrielles/Industrial Relations*, 59 (2), 295-320.

Perlman, Selig (1987) [1928], "A theory of the labor movement", *in* S. Larson e B. Nissen (orgs.), *Theories of the labor movement*. Detroit: Wayne State University Press, 161-173.

Poole, Michael (1981), *Theories of trade unionism: a sociology of industrial relations*. Londres: Routledge.

Ramalho, José Ricardo (1999), "Restructuring of labour and trade unions in Brazil", *in* R. Munck e P. Waterman (orgs.), *Labour worldwide in the era of globalization: alternative union models in the new world order*. Londres: MacMillan Press, 158-174.

Rawls, John (1972), *A theory of justice*. Oxford: Oxford University Press.

Regini, Marino (1992), "Introduction: the past and the future of social studies of labour movements", *in* M. Regini (org.), *The future of labour movements*. Londres: Sage, 1-16.

Regini, Marino (1993), "Sindicalismo", *in* N. Bobbio, N. Matteucci e G. Pasquino (orgs.), *Dicionário de política*. Brasília: Editora Universidade de Brasília, 1150-1157.

Ribeiro, Gustavo Lins (2000) "Política Cibercultural: ativismo político à distância na comunidade transnacional imaginada-virtual", *in* S. Alverez, E. Dagnino e A. Escobar, *Cultura e Política nos Movimentos Sociais Latino-Americanos*. Belo Horizonte: Editora UFMG, pp. 465-502.

Rodrigues, Leôncio Martins (1999), *Destino do sindicalismo*. São Paulo: Edusp.

Rogers, Joel; Streeck, Wolfgang (orgs.) (1995), *Works councils. Consultation, representation, and cooperation in industrial relations*. Chicago: University of Chicago Press.

Rosa, Maria Teresa Serôdio (1998), *Relações sociais de trabalho e sindicalismo operário em Setúbal*. Porto: Afrontamento.

Rosanvallon, Pierre (1988), *La question syndicale*. Paris: Calmann-Lévy.

Roseta, Agostinho (1996), "A negociação nos sistemas de regulação da vida no mundo do trabalho", in J. Vasconcelos-Sousa (org.), *O que é a negociação*. Lisboa: Difusão Cultural, 27-33.

Ross, George; Martin, Andrew (1999a), "European unions face the millennium", in A. Martin e G. Ross (orgs.), *The brave new world of European labor: European trade unions at the millennium*. Nova Iorque: Berghahn Books, 1-25.

Ross, George; Martin, Andrew (1999b), "Through a class darkly", in A. Martin e G. Ross (orgs.), *The brave new world of European labor: European trade unions at the millennium*. Nova Iorque: Berghahn Books, 368-399.

Sagnes, Jean (1994a), "Introduction génerale", in J. Sagnes (org.), *Histoire du syndicalisme dans le monde: des origines à nos jours*. Toulouse: Privat, 11-18.

Sagnes, Jean (1994b), "Voies européennes du syndicalisme", in J. Sagnes (org.), *Histoire du syndicalisme dans le monde: des origines à nos jours*. Toulouse: Privat, 21-59.

Santos, Ariovaldo de Oliveira (2006), "A nova crise do sindicalismo internacional", in R. Antunes (org.), *Riqueza e miséria do trabalho no Brasil*. São Paulo: Boitempo, 447--459.

Santos, Boaventura de Sousa (1995), "Teses para renovação do sindicalismo em Portugal, seguidas de um apelo", *Vértice*, 68, 132-139.

Santos, Boaventura de Sousa (2000), *A crítica da razão indolente: contra o desperdício da experiência*. Porto: Afrontamento.

Santos, Boaventura de Sousa (2006), *A gramática do tempo: para uma nova cultura política*. Porto: Afrontamento.

Sanz, Luis Sarries (1993), *Sociologia de las relaciones industriales en la sociedad postmoderna*. Saragoça: Mira Editores.

Schmitter, Philippe (1979), "Still the century of Corporatism", in P. Schmitter e G. Lehmbruch (orgs.), *Trends toward corporatist intermediation*. Londres: Sage, 7-52.

Scipes, Kim (1992), "Understanding the new labor movements in the «Third World»: the emergence of social movement unionism", *Critical Sociology*, 19 (2), 81-101.

Scipes, Kim (2000), "Social movement unionism: a call for theoretical clarification", *Labour Movements*, Research Committee (RC) 44 (Dezembro) da Associação Internacional de Sociologia. Madrid: Universidad Complutense, 6.

Seidman, Gay W. (1994), *Manufacturing militance: workers' movements in Brazil and South Africa, 1970-1985*. Berkeley: University of California Press.

Stoleroff, Alan; Naumann, Reinhard (1993), 'A sindicalização em Portugal: a sua medida e a sua distribuição', *Sociologia – Problemas e Práticas*, 14, 19-47.

Stoleroff, Alan; Naumann, Reinhard (1998), "Contabilidades: alguns comentários necessários acerca da publicação *A Evolução da Sindicalização Portuguesa de 1974 a 1995*, de Maria da Conceição Cerdeira", *Sociologia – Problemas e Práticas*, 27, 169-176.

Teague, Paul (1999), *Economic citizenship in the European Union: employment relations in the New Europe*: Londres: Routledge.

Tilly, Charles (1978), *From Mobilization to Revolution*. Addison/Mass: Wesley Publishing Company.

THOMPSON, E. P. (1987) [1963], *A formação da classe operária inglesa* (3 volumes). Rio de Janeiro: Paz e Terra.
TIXIER, Pierre Éric (1992), *Mutation ou déclin du syndicalisme? Le cas de la CFDT*. Paris: PUF.
TÖNNIES, Ferdinand (1989), "Comunidades e sociedade", *in* M. B. Cruz (org.), *Teorias sociológicas: os fundadores e os clássicos*. Lisboa: Fundação Calouste Gulbenkian, 511-517.
TOURAINE, Alain; MOTTEZ, Bernard (1970), "Classe ouvrière et société globale", *in* G. Friedman e P. Naville (orgs.), *Traité de Sociologie du Travail*. Paris: Armand Colin, 235-281.
TOURAINE, Alain; WIERVIORKA, Michel; DUBET, François (1984), *Le mouvement ouvrier*. Paris: Fayard.
UGT (2009), *Programa de acção do XI Congresso*. Lisboa: UGT.
VÉRAS, Roberto (2004), "O Sindicalimo metalúrgico, o "festival de greves" e as possibilidades do contrato coletivo nacional", *in* B. S. Santos (org.), *Trabalhar o mundo: os caminhos do novo internacionalismo operário*. Porto: Afrontamento, 209-235.
VIGEVANI, Tullo (1998), *Mercosul: impactos para trabalhadores e sindicatos*. São Paulo: Ltr.
VISSER, Jelle (1991), "Trends in trade union membership", *in* OECD, *Employment Outlook*. Paris: OECD, 97-134.
VISSER, Jelle (1994) "Union organization: why countries differ", *in* J. R. Niland; R. D. Lansbury; C. Verevis (orgs.), *The future of industrial relations: global change and challenges*. Londres: Sage, 164-184.
VISSER, Jelle (1995), "Trade Unions from a comparative perspective", *in* J. Van Ruysseveldt, R. Huiskamp e J. van Hoof (orgs.), *Comparative industrial & employment relations*. Londres: Sage, 37-67.
WADDINGTON, Jeremy (2005), *La syndicalisation en Europe étendue du problème et éventail des réponses proposées para les syndicats. (document de travail)*. Bruxelas: European Trade Union Institute – Research, Education, Health and Safety.
WATERMAN, Peter (1993), "Social movement unionism: a new model for a new world order", *Review*, 16 (3), 245-278.
WATERMAN, Peter (1999), "The new social unionism: a new union model for a new world order", *in* R. Munck e P. Waterman (orgs.), *Labour worldwide in the era of globalization: alternative union models in the new world order*. Londres: MacMillan Press, 247-264.
WATERMAN, Peter (2002), "O internacionalismo sindical na era de Seattle", *Revista Crítica de Ciências Sociais*, 62. Coimbra; CES, pp. 33-68.
WEBB, Sidney; WEBB, Beatrice (1987) [1894], "The origins of trade unionism", *in* S. Larson e B. Nissen (orgs.), *Theories of the labor movement*. Detroit: Wayne State University Press, 188-191.
WILLIAMSON, Peter (1989), *Corporatism in perspective*. Londres: Sage.
XAVIER, Bernardo da Gama Lobo (1993), *Curso de direito do trabalho*. Lisboa: Verbo.
XAVIER, Bernardo da Gama Lobo (1999), *Iniciação ao direito do trabalho*. Lisboa: Verbo.
ZOLL, Rainer (1998), "Neither social partnership nor class struggle: a plea for new social contracts", *European Journal of Industrial Relations*, 4 (1), 103-114.